プレビュー！

知れば知るほど面白い

古代の英雄たちの世界

JN110445

「花郎（ファラン）希望の勇者たち」

「花郎」を華やかに
飾る出演陣

新羅を強国に導いた
若者たちの物語！

主役のパク・ソジュン（左）
とパク・ヒョンシク

勇敢に国を守る王女の物語

「王女ピョンガン 月が浮かぶ川」

「王女ピョンガン 月が浮かぶ川」の制作発表会

時空を超える壮大な歴史エンタメ！

「シンイ －信義－」

主役のイ・ミンホ

異質な国王の人生を劇的に描く

「輝くか、狂うか」

「輝くか、狂うか」の制作発表会

「奇皇后」

高麗出身の女性が中国の皇后に！

主役を演じたハ・ジウォン

神話から古代へ

人間の生活を心配した天帝の息子が地上に降りてきた、というのが朝鮮半島の建国神話だ。やがて力を得た部族が徐々に国家をつくり、領土争いが激しくなる。

高句麗・百済・新羅が
覇権を争って激しく戦った

激動の三国時代

「善徳女王」の制作発表会

統一新羅から高麗時代へ

高麗は仏教を手厚く保護して国家を安定させた

「千秋太后」の制作発表会

新版

知れば知るほど面白い 古代韓国の歴史と英雄

康《カン》熙《ヒ》奉《ボン》
Kang Hibong

JIPPI Compact

実業之日本社

はじめに

韓国時代劇は時代設定によってそれぞれの特徴が異なっている。たとえば、朝鮮王朝を舞台にした時代劇は国王や王妃を中心にして王宮内部の権力闘争がよく描かれている。つまり、宮廷劇が圧倒的に多くなるのだ。

その一方で、三国時代や高麗時代を取り上げた時代劇は、有名な英雄たちを描いた作品が主流となる。それだけに、スケールが大きい展開が楽しめる。

本書では三国時代と高麗時代の歴史を取り上げ、時代劇の背景がわかるように解説を加えている。さらに、古代の日韓交流史も第3章に加えて、より幅広く古代史が理解できるように努めた。

また、古代史ともなると特に時間と場所が頭の中で整理しづらいのだが、そういう箇所では地図や写真・イラストを多用して理解しやすい構成を心がけた。

難しくなりそうな部分はあえて深入りしないようにしたが、本書は古代史の基礎知識をある程度押さえており、全体像を把握することが十分に可能であると考えている。

ここで、書名にもなっている「古代韓国」という表記について触れたい。

韓国は朝鮮半島の南半分を統治する国家であり、古代史において朝鮮半島全体を示す表記にはならない。

ただし、本書は韓国時代劇を通して隣国の歴史に興味をもった方々を意識しながら、朝鮮半島の古代史を説明している。その企画主旨に沿って、第1章も韓国時代劇を足掛かりにして朝鮮半島について言及している。

それだけ、現代韓国の視点が強く働いており、その延長線上で古代史を取り上げているので、あえて「古代韓国」という表現を採用した。

また、936年に高麗王朝が朝鮮半島を統一してからの時代区分は中世になるのが一般的だが、本書では便宜上この高麗王朝も加えた。あくまでも構成上の区分になっている。

なお、本書の初版が最初に発行されたのは2011年のことであった。

それから時間が経過したので、人気俳優が主演している新しい時代劇をプラスして加筆し、ここに新版をまとめた。

これからも古代を扱った韓国時代劇に関心を示してくだされば幸いである。

康　熙奉

新版 知れば知るほど面白い 古代韓国の歴史と英雄 目次

第2章 朝鮮半島の歴史がスリリングにわかる

第3章

日韓の歴史は古代から連綿と続いていた

第4章

英雄たちが壮大な物語をつくってきた！

装幀・ロゴ　杉本欣右
本文デザイン・図版　橋本仁、中井正裕、若松隆

第1章

時代劇は史実を取り込むから面白くなる

「花郎」は伝説的な集団の成長を華やかに描いている

人気俳優のパク・ソジュンとパク・ヒョンシクが主演した「花郎（ファラン）　希望の勇者たち」は、イケメン俳優が多数共演してとても華やかな時代劇だった。

その中でパク・ソジュンが演じるのは、古代の新羅《シルラ》の時代に貧しい境遇から成長していこうとする無名の青年で、周囲に多いエリートたちとは一線を画した異質な役だった。

このあたりは、パク・ソジュンも出演し大ヒットした「梨泰院《イテウォン》クラス」と共通する存在感を見せてくれる。いってみれば、規格外の底知れぬパワーをもったヒーローをパク・ソジュンが演じており、イケメンの共演者たちとの演技対決は本当に見ものだった。

また、「花郎（ファラン）　希望の勇者たち」でパク・ヒョンシクが演じているのが、新羅の24代王の真興王《チヌンワン》である。この真興王は、弱かった新羅を強国に押し上げていった大王だ。

果たして、どんな人生を歩んだのか。

真興王は先代王だった法興王《ポブンワン》の弟の息子だ。そして、彼の母が法興王の娘であった。

その真興王は534年に生まれているが、法興王が540年に亡くなったのにともない、わずか6歳で即位している。

さすがにそれだけ幼いと政治を行なうことができないので、母が只召《チソ》太后となって摂政《せっしょう》を行なった。これは朝鮮半島の歴史ではよくあることで、後の朝鮮王朝でも母が幼い王に代わって摂政をすることが多かった。いわば、伝統なのである。

朝鮮王朝で最古の歴史書といわれる「三国史記」には、真興王の業績が細かく記されているが、真興王と只召太后の関係については特別な記述がない。それだけに、歴史的に只召太后の摂政は特に問題もなく普通に行なわれて、真興王が成人してから自ら統治を始めたと考えていいだろう。

そして、真興王が即位した当時の新羅は、敵対する高句麗《コグリョ》と百済《ペクチェ》に押されていて、領土争いで苦境に陥っていた。

しかし、真興王が成人すると持ち前の聡明さを大いに発揮して、どんどん善政を行なっていった。とにかく、先を見通す戦略眼が確かだった。

巧みな外交戦略で領土を徐々に拡大していくと、中国大陸とも良好な関係を築いていって、新羅という国の存在意義を高めていった。

また、真興王は仏教の普及に熱心だったので、新羅でも仏教が大いに栄えるようになった。これは民衆の文化向上に大きく貢献した。

これほどの名君だったのに、寿命だけはどうしようもなかった。

真興王は576年に亡くなった。享年42歳だった。

長生きはできなかったが、彼はすべての能力を凝縮させて立派に生き抜いた。

なお、「三国史記」には、真興王が576年に花郎を創設したことが記されている。

そこには、どういう経緯があったのだろうか。

当時、ルックスがいい青年を選んで化粧をさせたりして身分を優遇する風潮があった。やがてその風潮は花郎《ファラン》と呼ばれた。すると、上流階級に属する多くの若者たちが花郎に集まってきた。こうした若者たちを立派に育成しようという制度が生まれ、彼らは心身を鍛え、道徳をよく学び、歌舞《かぶ》や文化に親しんだ。

花郎は若者の育成組織として素晴らしい成果を見せるようになり、その中から優れた者は朝廷に推挙されてリーダーとなった。

そんなリーダーに統率された集団は、軍事面でも力を発揮し、花郎は新羅の武力を象徴する存在になっていった。

歴史に残る伝説をつくりだしたのがまさに花郎であり、その題材を生かして壮大な物語になったのが時代劇の「花郎（ファラン）　希望の勇者たち」なのである。

有名な逸話が「王女ピョンガン　月が浮かぶ川」のモチーフに！

時代劇の「王女ピョンガン　月が浮かぶ川」は、古代の高句麗《コグリョ》が舞台になっている。国を守るために命をかける王女と純朴な青年オン・ダルのスケールが大きいラブストーリーである。

この中で主人公のピョンガン王女を演じたのがキム・ソヒョンだ。彼女は特に子役のときから時代劇で活躍していて、今や「時代劇のヒロイン」として人気が高い。この「王女ピョンガン　月が浮かぶ川」でも、とても印象的な演技を披露している。

そんな彼女が主演した「王女ピョンガン　月が浮かぶ川」は、韓国で誰もが知っている有名な逸話をモチーフにしている。それはどんな話なのだろうか。わかりやすく紹介しよう。

高句麗の国王であった平岡王《ピョンガンワン》（25代王・平原王《ピョンウォンワン》のこと）には泣き虫の娘がいた。名前をピョンガン（平岡）王女という。

彼女があまりに泣くので、平岡王は「泣いてばかりいるとお嫁にいけないぞ。せいぜい、『馬鹿のオン・ダル（温達）』の妻にしてもらえ」と口癖のように言っていた。

このオン・ダルというのは正直で優しい男だったが、目が不自由な母を抱えて貧乏のどん底にいた。身なりがあまりに汚れていたので、周囲の人たちからいつも馬鹿にされていた。

ピョンガン王女が16歳のとき、平岡王は娘を良家に嫁がせようとした。しかし、ピョンガン王女が反発した。

「あれだけ『オン・ダルの妻になれ』と言われたからそうします。王が前言を変えてはいけません」

平岡王は怒ったが、ピョンガン王女は宮殿を飛び出してオン・ダルの家に向かった。

しかし、王女が自分のところに嫁に来たことがオン・ダルには信じられなかった。

「狐が鬼に化けているのだろう」

ピョンガン王女は追い返されてしまったが、それでも彼女はオン・ダルの親子を説得した。

あまりの熱心さにオン・ダルがついに折れると、ピョンガン王女は金の腕輪を売って生活必需品を買いそろえた。さらに、ピョンガン王女はオン・ダルに言った。

「馬を買ってきてください。でも、商人から馬を買うと高いので、彼らが見放すような貧弱な馬にしてください」

オン・ダルはピョンガン王女が言うとおりにした。

ピョンガン王女は貧弱な馬を熱心に世話したので、いつしか馬は肥えて大きくなった。

その馬に乗ってオン・ダルは平岡王が主催した狩りに飛び入りで参加し、獲物を一番多くとった。そのとき、平岡王は初めてオン・ダル本人を見て、大いに驚いた。

やがて戦争になり、オン・ダルは最高の手柄をあげた。平岡王は心の底から喜んだ。

「彼こそが立派な婿《むこ》である」

平岡王はそう広言し、オン・ダルに高い官職を与えた。

信じられないような大出世を果たし、もはや陰口でも「馬鹿のオン・ダル」と言う者はいなくなった。すべては、内助の功を発揮したピョンガン王女のおかげだった。やがて平岡王が亡くなり、嬰陽王《ヨンヤンワン》が新しい王になった。

オン・ダルは嬰陽王に言った。

「新羅《シルラ》に土地を奪われて民衆が泣いています。

私におまかせくだされば、すぐに行って取り戻してきます」

嬰陽王の許可が出たので、オン・ダルは精鋭軍を引き連れて新羅を攻めた。

「奪われた土地を取り戻せなければ、絶対に帰らない」

悲壮な覚悟で臨んだ戦いだったが、オン・ダルは戦死してしまった。

部下が亡きオン・ダルを弔おうとしたが、棺がピクリとも動かなかった。そのとき、ピョンガン王女がやってきて、棺に向かって優しく話しかけた。

「生死がすでに決まりました。憂いを残さず天国に行きましょう」

ピョンガン王女の呼びかけによって、あれほど重かった棺がようやく動き出した。そして、国中の人たちが英雄の死を悼んだ。これが「ピョンガン王女とオン・ダル」の物語だ。

この逸話を発展させて、「王女ピョンガン　月が浮かぶ川」は壮大なストーリーがつくられ、作品性が優れた時代劇として高い評価を得ている。

「麗〈レイ〉」はイ・ジュンギをはじめ主演キャストが魅力的！

韓国の人は歴史がとても好きなので、概して時代劇も視聴率が高い傾向がある。そうした流れを反映して韓国では時代劇がよくつくられるが、ドラマ愛好者のランキングのリストを見ていると、「名作時代劇」の項目で上位によく選ばれているのが「麗〈レイ〉~花萌ゆる8人の皇子たち~」である。

このドラマで特に絶賛されているのが主役のイ・ジュンギだ。

イ・ジュンギといえば、映画「王の男」で大人気を博したあとも積極的に時代劇に出演している。

実際、トップ俳優としての地位を不動にしたのが「イルジメ〔一枝梅〕」だったし、その後も「アラン使道伝」「朝鮮ガンマン」「夜を歩く士〈ソンビ〉」と立て続けに時代劇に主演していた。そして、2016年に「麗〈レイ〉~花萌ゆる8人の皇子たち~」で颯爽《さっそう》とした姿を見せてくれた。

彼も明確に語っている。

「自分には時代劇のほうが合っていると思います。個人的にも、時代劇が好きですね」

その言葉のとおり、イ・ジュンギは時代劇で印象的な主人公を数多く演じてきた。

彼を見ていると、「ここまで徹底するのか」と感心するほど準備を怠らない。身体を鍛え、ストイックに生きて、精悍《せいかん》な姿でまた画面に登場してくるのだ。

本当に凄《すご》い俳優だと思う。

イ・ジュンギ自身も、長く演技ができる俳優になりたい、と言っている。そういう気持ちが強いから、主演する作品ごとに新しいイメージをプラスしていけるのだろう。

そして、イ・ジュンギは「麗〈レイ〉～花萌ゆる8人の皇子たち～」でも、気品のある演技でカリスマ性を大いに発揮していた。

役作りのために10キロ以上も減量し、繊細なイメージを加えて、ファンタジーとロマンスを融合させた歴史ドラマを上等なエンタメに導いていた。

そして、ヒロインを演じたのがＩＵ《アイユー》だった。

彼女の役は不思議な設定だった。現代からいきなり高麗時代に魂だけがタイムスリップしてしまう女性なのだ。そのうえで、皇宮で暮らすへ・スに成り代わってしまう。

ところが、皇宮にはたくさんのイケメン皇子がいて、へ・スは戸惑いながら明るく振舞っていく。

特にへ・スが強く関心をもったのが第4皇子のワン・ソ（イ・ジュンギ）と第8皇子のワン・ウク（カン・ハヌル）だった。

二人は強烈なライバル同士だ。性格はかなり違っていて、第4皇子は冷たそうで繊細だが、第8皇子は温かい人物だった。

そんな二人に接していくデリケートな感情をＩＵが情感たっぷりに演じていた。とにかく、どんな役に扮しても多様な表現力で演じ分けられるのがIUの持ち味だ。

「麗〈レイ〉～花萌ゆる8人の皇子たち～」は、物語の中盤からは王位をめぐって皇子たちの骨肉の争いがあり、ドラマはスリリングな展開になっていく。その中でカン・ハヌルの演技も光っていた。

彼は第8皇子のワン・ウクに扮したわけだが、そのキャラクターは性格が優しく、女性に対しても紳士的であった。

演じたカン・ハヌルも、人柄のよさがにじみ出るような演技で、ドラマを大いに盛り上げていた。

「奇皇后」は高麗の女性が中国の皇后になる壮大な物語

人気女優のハ・ジウォンが主演した「奇皇后」は、高麗時代の女性が中国を支配する元に渡って皇后にまで成り上がるというスケールが大きい時代劇だった。

その主人公になっている奇皇后は、韓国の歴史上でも毀誉褒貶《きよほうへん》の多い人物としてよく知られている。果たして、どんな人生を歩んだのだろうか。

１３３３年、家が貧しかった奇皇后は、やむなく貢女《コンニョ》として朝鮮半島を離れて中国に渡った。この貢女というのは、中国大陸を支配していた元に対して高麗王朝が仕方なく差し出した女性のことだ。

奇皇后は美貌《びぼう》が素晴らしかったので、元の皇室で宦官《かんがん》（去勢された官僚）として働いていた高麗出身の高龍普《コヨンボ》が彼女に目をつけた。彼は自分の出世に奇皇后を利用しようと考えたのだ。

そこで、高龍普は有力者に巧みに働きかけて、奇皇后を皇室付きの女性として送り込んだ。

その当時、元は少数の蒙古出身者に権力を集中させていたが、多数派の漢民族を重用しなかったので、政治が停滞することが多かった。そのために、知識も豊富な高麗出身の宦官たちが重んじられていた。

とはいえ、高龍普が驚くべきことが起こった。12代皇帝のトゴン・テムルが高麗出身の奇皇后を寵愛《ちょうあい》し、彼女を側室にしたのである。

そんな事態になって、トゴン・テムルの正室のタナシルリが奇皇后に激しく嫉妬《しっと》した。

このタナシルリの父は元で一番の実力者のエル・テムルだ。奇皇后はタナシルリの機嫌を損ねないように注意し続けたが、我慢できないことも多かった。

タナシルリのいじめはますますひどくなり、奇皇后は熱した焼きごてを身体にあてられたりするほどエスカレートしていた。

そんな窮地を救ってくれたのがトゴン・テムルだった。彼はエル・テムルと対立するようになり、タナシルリにも冷たくしていた。その反対に、奇皇后は皇帝からますます寵愛されるようになった。

すると、エル・テムルの死後、あせったタナシルリの兄がクーデターを起こしたのだが、無惨に失敗した。

必然的に、タナシルリもクーデターに加担していたことを疑われて、宮殿から追放されて絶命した。

こうして皇后の座が不在となったのだが、奇皇后がその座にすわることはできなかった。高官たちが高麗出身の女性を皇后にするのに大反対したからだ。結果的に、名門出身のバヤン・フトゥクが皇后になった。

それでも奇皇后は1338年にトゴン・テムルの息子となるアユルシリダラを産んだ。

幸いだったのは、バヤン・フトゥクが控えめな性格だったことだ。それをいいことに、奇皇后はトゴン・テムルの寵愛を独り占めにした。その末に、高龍普と結託して、皇室の人事権と財政に影響力を及ぼすようになった。

さらに、奇皇后はわが子を皇太子にまで出世させた。本当に彼女は才覚に優れた女性であった。

彼女の権力は高麗王朝にも及ぶようになり、奇皇后の一族が政治の重職を占めるようになった。

しかし、悪政を行なった奇一族は、他人の土地を強奪して、その住人を強制的に奴婢《ぬひ》にするという暴挙にも及んだ。

そんな奇一族のやりたい放題にも終焉《しゅうえん》が訪れた。元の国力が衰退して奇皇后がもっていた権力が弱まったからだ。

途端に、高麗王朝でも奇一族が糾弾《きゅうだん》されるようになった。急先鋒《きゅうせんぽう》は31代王の恭愍王《コンミンワン》である。彼は奇皇后の兄の奇轍《キチョル》に反乱の汚名を着せて絶命させた。

奇皇后は烈火のごとく怒って、大軍で高麗王朝を攻めたのだが、すでに元の軍勢は弱体化していて、高麗軍に惨敗してしまった。

窮地に陥った奇皇后はトゴン・テムルに対して、わが子のアユルシリダラを皇帝に就けようと画策したが、トゴン・テムルは譲位を強く拒んだ。こうした騒動を発端として元も内紛寸前の状態になってしまった。

さらには、1364年に奇皇后の反対派がクーデターを起こし、奇皇后もあえなく捕虜《ほりょ》になってしまった。その際に穏健派の調停が功を奏して、奇皇后はなんとか解放されるようになった。

そんな最中にバヤン・フトゥクが急死し、側室だった奇皇后がいよいよ皇后の座に就けるようになった。

しかし、情勢は悪化するばかりだった。中国の各地で漢民族による蜂起《ほうき》が続き、ついに1368年に「明」が建国された。

敗北した元は逃亡した後に新天地で新たに「北元」を名乗り、奇皇后の息子のアユルシリダラが皇帝になった。

とはいえ、トゴン・テムルは逃避行の際にすでに絶命していた。

奇皇后はどんな心境だっただろうか。

彼女は息子を皇帝にするという夢をかなえたのだが、彼女自身は元が逃亡した時点で行方がわからなくなってしまっていた。そのため、奇皇后の最期はまったくの不明なのであった。

これが奇皇后の生涯のすべてだ。そんな彼女をハ・ジウォンが演じて、「奇皇后」というドラマは韓国で人気を博した。

「シンイ－信義－」は歴史エンタメに徹した奇想天外なドラマ！

次々に主演作をヒットさせていたイ・ミンホが初めて取り組んだ時代劇が「シンイ－信義－」であった。

このドラマは２０１２年に制作されたが、当時は超大作として大変な話題を集めていた。なにしろ、注目作を次々に送り出していたキム・ジョンハク監督と脚本家ソン・ジナがタッグを組んでいて、その他の制作陣も一流揃《ぞろ》いだった。

そして、主演がイ・ミンホと、美人女優の代名詞ともいわれたキム・ヒソンだ。話題にならないはずがない。

物語は、６６０年の時空を超えて出会った武士と女医の波乱万丈のラブロマンスを熱く描いている。

この中で、イ・ミンホは信義に厚い高麗時代の武士チェ・ヨンを演じていて、キム・ヒソンは現代に生きる女医のユ・ウンスに扮していた。

時代設定は１３５１年から始まる。

若き国王の一行が元から帰国する途上で刺客に襲われてしまう。その最中に王妃が瀕死の重傷を負うが、伝説の「神医《シンイ》」でないと命を救えない。そこで、近衛隊のチェ・ヨンが神医を探して謎の天界に入り込み、ついに2012年のソウルで「神医」と勘違いした整形外科医のユ・ウンスを高麗時代に強引に連れて行って王妃の命を救う……といったストーリーから「シンイ－信義－」は始まっていく。

タイムスリップという手法を使って現代の医師を過去の歴史時代に連れていくという設定は他にもあって新鮮味はないのだが、イ・ミンホが演じる忠義の人が本当に凛々《りり》しくて、ドラマを大いに盛り上げたことは間違いない。

注目の主役コンビの年齢差を見てみると、キム・ヒソンがイ・ミンホより10歳も年上であった。

しかも、キム・ヒソンほどの大物女優を相手にするということでイ・ミンホもかなり重圧を感じただろうが、二人の呼吸もぴったり合っていて、魅力的なヒーローとヒロインの競演でドラマはスリリングに展開されていった。

イ・ミンホもこう語っていた。

「このドラマは、高麗武士のチェ・ヨンと現代の医師ユ・ウンスが劇的に出会うことで、真の王をつくりあげていくエンタテインメント時代劇です。アクション、推理劇、ラブロマンスなど、見どころが本当に多彩です」

この言葉のとおり、「シンイ－信義－」は様々な要素を複合的に織り込んだドラマであり、高麗時代を舞台にした作品として特筆すべき面白さをもっていた。

「輝くか、狂うか」にはラブロマンスの陰に光宗の恐い人生が潜む

チャン・ヒョクといえば、「チュノ～推奴～」や「根の深い木－世宗大王の誓い－」といった時代劇で強烈なキャラクターを演じた俳優だ。

とにかく、極限まで徹底するという役づくりで定評がある。そんな彼が再び時代劇で本領を発揮したのが「輝くか、狂うか」であった。

とても刺激的なタイトルをもったこのドラマでチャン・ヒョクは、高麗王朝の4代王・光宗《クァンジョン》を演じている（光宗に関してはイ・ジュンギも「麗〈レイ〉～花萌ゆる8人の皇子たち」で扮していた）。

「輝くか、狂うか」は、高麗王朝の皇子と渤海の王女との歴史的なラブロマンスを描いた作品だが、チャン・ヒョクは光宗のたぐいまれな才能と恐ろしい執着をいかんなく演じていた。それは史実に近い描き方であった。

そういう意味では、「輝くか、狂うか」という時代劇を完璧に楽しむためには、光宗という恐るべき国王の実像を知ることが不可欠なのだ。

そこで、彼の栄光と苦悩の軌跡をたどってみよう。

光宗は高麗の４代王として９４９年に24歳で即位した。

せっかく国王になっても、地方豪族の力が強すぎて、王権は不安定だった。

必然的に、光宗は地方豪族を抑えることを最優先させた。その末に、９５６年に「奴婢《ぬひ》按検法《あんけんほう》」を行なった。この法律は、身分制度の最下層に位置していた奴婢を解放するという、画期的なものだった。

その頃は奴婢といっても、従来は平民だった人が多かった。しかしながら、長く続いた内乱によって仕方なく奴婢にさせられた場合が目立っていた。それも、各地の豪族の力が強すぎたことが関係していた。豪族たちはあえて奴婢を集めて兵士に育てて、武力で権力を守ろうとしていたのである。

そんな状況を一変させる「奴婢按検法」が光宗によって強行されたので、兵力が減った豪族たちは大いに反発した。

反乱が起きることを心配した高官たちは光宗に再考を促したが、彼はますます自信を深めていた。地方豪族が弱体化していけば、反乱を起こす余力もないことを光宗は見抜いていたのである。

実際、彼が思ったとおりの結果になった。こうして、豪族たちを抑えて王権を強化した光宗は、次々に新しい政策を打ち出して王朝の基盤を強化した。

さらに、光宗が実施したのが全国的な官僚登用試験の「科挙」だ。

それ以前から、光宗は人材登用の意欲を強くもっていた。中国大陸から優秀な人々を積極的に招いて、優れた専門知識を国の制度づくりに生かしていた。

また、数多くの帰化人をとても優遇し、様々な分野で活躍させていた。その集大成として、中国で成果を挙げていた科挙を高麗でも958年から開始することにしたのだ。

こうして高麗で優秀な人材が官僚として登用されるようになり、王朝の人事は見違えるように活性化されていった。

成功体験を重ねて名君と称されるようになった光宗だが、成功の裏には思わぬ反動が潜んでいた。

というのは、光宗が行なった政治改革によって冷や飯を食うことになった既存の臣下たちの不満が大きくなったからである。

彼らの多くは王朝創設期の功労者だった。そういう人たちを軽視してしまったのが、光宗が最も迂闊《うかつ》なところだった。

以後は、光宗に反旗を翻す人たちが続出した。そういう事態になっても光宗は融和策を取らず、反発する人たちを捕まえて厳罰に処した。

それでも反乱が収まらなかった。すると、光宗はさらに強硬手段に出て、監獄は政治的な罪人であふれかえった。

その結果、光宗の治世の後半は血で塗られていった。結局、粛清《しゅくせい》につぐ粛清で、暗黒の時代がやってきてしまった。

理想を掲げて政治改革を成功させてきた名君だったはずなのに、光宗の後半生はなぜ暗転してしまったのか。

こうした史実を知ってから「輝くか、狂うか」を見ると、チャン・ヒョクが演じた主人公の生きざまが少しでも理解できるのではないだろうか。

「武神」は歴史のダイナミズムを実感できるスペクタル巨編

韓国時代劇というと、どうしても「宮廷劇がメイン」という印象が強い。実際、王宮を舞台にして国王や王妃・側室が複雑な人間模様を繰り広げる作品が多いのは確かである。

特に、韓国で時代劇は中年女性が主体的な視聴者になっているので、企画する段階でも朝鮮王朝の宮廷劇が多くなってしまう。

そういう事情から、韓国時代劇には武士が主人公になっているドラマが極端に少ないのだが、その中で壮大な設定になっているのが高麗時代の英雄を描いた「武神」であった。

このドラマは、高麗時代で武人政権が続いていた時期に大活躍したキム・ジュン（金俊）にスポットを当てて、最下層の身分から最高権力者にのぼりつめていく英雄の一代記を大きなスケールで描いている。

この主人公のキム・ジュンをキム・ジュヒョクが演じているが、心強いのが脚本のイ・ファンギョンの存在だ。

彼は韓国時代劇の中で骨太なストーリーをつくり続けてきた名人であった。

そのイ・ファンギョンがこう語っている。

「このドラマでは、男とは何か、国家とは何か、ということを問いかけています。蒙古《もうこ》との戦いによって国中が火の海となってしまい、人々は木の皮を食べながら一丸となって戦っていくのですが、それは単なるフィクションではありません。みんなが疲れ切った時期だからこそ、厳然たる事実が与えてくれるパワーがあります」

そうした困難な時期に不屈の闘志で戦い抜いた英雄を真摯《しんし》に描きたかった、とイ・ファンギョンは強調していた。

実際、「武神」を見ていると、高麗時代の武人政権がどのように成り立っていたかがよくわかるし、蒙古との戦いがいかに熾烈《しれつ》だったかということも伝わってくる。

そういう意味では、今まであまり取り上げられてこなかった13世紀の高麗時代を詳しく知るための教材のような性格も帯びている。

数多い韓国時代劇の中で武人が主人公になるという異色な展開をもっていた「武神」は、まさに歴史のダイナミズムを実感できるスペクタル巨編なのである。

歴史書と違って高句麗始祖をダメ男として登場させた「朱蒙」

韓国で「朱蒙《チュモン》」は2006年5月15日から2007年3月6日まで放送された。全81話だった。

この時代劇がつくられることになったとき、私は少なからず驚いた。歴史書「三国史記」の中の朱蒙の評伝では、彼は柳花《ユファ》という女性が産んだ卵から世に出たことになっていたからだ（詳しくは152ページを参照）。

こうした伝説を含めて、朱蒙は実に謎《なぞ》めいた人物なのである。そんな彼を時代劇でどんなふうに描こうとするのか。「実に難しいテーマをもった時代劇をつくるものだ」というのが、放送前の私の率直な感想だった。

この「朱蒙」のメインの脚本家はチェ・ワンギュ。彼はストーリーをつくるうえで、かなり苦悩したと告白していた。

「『朱蒙』の時代考証が歴史的事実と食い違う部分も明らかにありますが、そういう部分を私も十分に認識しています。しかし、ドラマをつくるうえでは、それもやむを得ないことでした」

さらに、チェ・ワンギュは物語についてこう述べた。

「伝説の中で朱蒙は卵から生まれています。しかし、ドラマではそうせずに、古朝鮮の領土を回復しようとした一人の勇者として解慕漱《ヘモス》を出し、その息子として朱蒙を描きました。父の影響を受けながら強い意志で巨大な帝国の栄光を回復しようとした独立闘士が朱蒙だったのです」

こうした言葉を聞いていると、時代劇「朱蒙」の見どころがはっきりしてくる。

「三国史記」によると、柳花は卵を産む前に解慕漱という男に無理やり身体を奪われている。それを悲観して川に身投げをしようとしたとき、金蛙《クムワ》王に助けられて保護されたのである。その経過を考えれば、卵から世に出た朱蒙の父は解慕漱だともいえる。

それを前提にしながら、「朱蒙」のストーリーを見てみよう。

漢の支配に反抗する解慕漱は戦いによって傷を負い、族長の娘の柳花に助けられる。二人は恋仲になり、柳花は身ごもるが、解慕漱は敵によって殺されてしまう。扶余《プヨ》という国の太子であった金蛙は解慕漱の親友で、彼は解慕漱の子である朱蒙を産んだ柳花を側室にする。そして、朱蒙を養子にして育てる。しかし、金蛙の息子二人は弟の朱蒙を嫌い、その暗殺を企てる……。

このあたりは「三国史記」に書かれた朱蒙の評伝をうまく生かしており、時代劇「朱蒙」はドラマとして見事なストーリーを展開している。

非常に興味深いのは、最初に出てくる朱蒙があまりにだらしないことだ。本来の評伝で朱蒙は、子供の頃から体格がりっぱで、風貌

に気品があったことになっている。しかも、弓矢の名手で百発百中であった。

これはもう「男の中の男」である。別格といえるほどの大人物だった。それで金蛙王の息子たちに妬《ねた》まれて命をねらわれるのである。このあたりはドラマとはまったく違う。

歴史書の評伝で完璧な男として描かれた朱蒙と、時代劇で意気地のないダメ男として登場する朱蒙。韓国の時代劇は「宮廷女官　チャングムの誓い」にしても「トンイ」にしても、不遇の中から一人の人間が試練を乗り越えてりっぱに成長するという成功物語が大好きなのだ。

「朱蒙」も同じで、最初に朱蒙を出来の悪い男として描き、そんな男が徐々に成長していく姿を物語の軸にすえている。

そのほうが視聴者の共感を得られるという判断であろうが、最高視聴率52・7％という数字を見ると、確かにこの設定は大成功したといえる。

もうひとつ、「朱蒙」の成功を支えたのが主演のソン・イルグクである。歴史上の大人物を演じきるには、その俳優にも相応の器がなければならないが、その点でソン・イルグクは申し分なかった。なにしろ、彼は韓国でその名が轟《とどろ》く有名一族の出身なのである。

まず、ソン・イルグクの母方の曾祖父は植民地時代の独立運動家キム・ジャジン将軍である。１９２０年には総司令官として独立運動で最大の勝利を挙げている。１９３０年に暗殺されたが、その名声は韓国社会で不滅だ。

そのキム・ジャジンの息子がキム・ドゥハン。植民地時代の末期にソウルで侠客として大暴れしたあと、1954年に韓国の国会議員となり、その奔放な言動で名を馳《は》せた。1966年には政府を糾弾《きゅうだん》して国会内で糞尿《ふんにょう》を撒《ま》き散らす事件を起こしており、当時のことは彼が主人公になった韓国ドラマ「野人時代」でも名場面になっていた。

そのキム・ドゥハンの娘が女優のキム・ウルトンで、その息子がソン・イルグクである。つまり、将軍、国会議員、女優というDNAを彼は受け継いでいる。そして、母に続いて俳優になった。

しかし、最初は芽が出なかった。結局は、一族の名が彼を救った。

「君は、国家に貢献した独立運動家の子孫だから、かならず成功してほしい」

そう言って支援してくれる人が周囲にいた。

ソン・イルグクは2004年制作の「海神《ヘシン》」でヨムジャン役を演じたことで注目され、2006年に「朱蒙」の主役を射止めた。

制作陣が感心したのは、ソン・イルグクが完全に朱蒙になりきっていたことだ。高句麗始祖の朱蒙は弓の達人だったが、ソン・イルグクは下り坂を疾駆する馬にまたがりながら弓を射るという非常に難しいシーンを完璧にこなした。この一事を見ても、ソン・イルグクほど朱蒙役にピッタリの俳優は他にいなかった。

「朱蒙」のあとには、時代劇「風の国」（２００８年制作／全36話）で朱蒙の孫の大武神《テムシン》王《ワン》にも扮した。ドラマ制作者から古代の王にふさわしい俳優と見込まれた結果だった。

ただ、「朱蒙」のイメージが強すぎて演技に苦労した。

ソン・イルグクはこう言う。

「ふたつのドラマで、祖父とその孫を演じ分けたわけですが、その違いを表現するのに悩みました。でも、朱蒙でかなえられなかったことが、この世にもう1回生まれてきた人物によってかなったのかな、と思います」

暗示的な言葉だ。著名な先祖をもつ現実のソン・イルグクと、偉大な英雄を演じ続ける俳優のソン・イルグク――。そのすべてが自分自身であり、彼は夢をかなえられなかった人たちの思いを受け止めて、演技者としての道を堂々と歩いている。

古代人の信仰神を華やかに見せてくれた「太王四神記」

韓国で「歴史上で最も尊敬する人物は誰か？」というアンケートを行なうと、ベスト3

に入る人物はだいたい決まっている。世宗《セジョン》大王、李舜臣《イスンシン》将軍、広開土大王《クァンゲトデワン》の3人である。民族固有の文字ハングルを創製した聖君、国家存亡の危機を救った英雄、歴史上で最大の領土を確保した大王と、それぞれの業績は破格で、ベスト3に選抜されるのも大いに納得だ。

この中で、世宗大王と李舜臣将軍は朝鮮王朝時代に実在したが、広開土大王は遙《はる》かな古代に活躍した英雄だ。

391年に即位した高句麗19代の王。鉄の騎馬軍団を率いて、今の韓国からは想像もできないような広大な領土を築いた。

韓国の人たちは「大」にあこがれる。それは、今の国土があまりに「小」であると痛感しているからだ。それだけになおさら、究極の「大」を築いた広開土大王に尊敬のまなざしを向けるのだ。

そんな広開土大王を主人公にすえたペ・ヨンジュン主演の時代劇が「太王四神記」だった。韓国MBCで放送されたのは2007年9月11日から12月5日まで。全24話で最終回では35・7%と非常に高い視聴率を記録した。

大ヒットした要因はさまざまだが、巨匠ともいえるキム・ジョンハク監督と、韓流トップ俳優のペ・ヨンジュンが組んだことが大きかった。加えて、広開土大王を主人公にしてファンタジー時代劇に仕上げるという企画もすばらしかった。
韓国では、ドラマが制作されるときにかならず企画意図が発表される。「太王四神記」の場合は次のような内容だった。

私たちには、歪曲《わいきょく》された歴史を勉強してきたという前提がある。その過程で、古代の朝鮮の歴史をなくしてしまった。逸したのは土地だけでなく、生まれながらの魂もなくした。しかし、広開土大王が生きていた時代を再現できれば、私たちの本当の姿が何であるかを少しは悟ることができるはずだ。神話が生きていたその時代が躍動感ある生の現場ではなかっただろうか。最強の騎馬部隊を保持した高句麗は、どんな国であったのか。アジア最大の海上国家であった百済の国境は、果たしてどこまで達していたのだろうか。なぜ兄弟国である百済と高句麗が戦争を始めたのか。

ストーリーの中では、空の息子と川の娘が登場し、青龍《せいりゅう》、白虎《びゃっこ》、朱雀《すざく》、玄武《げんぶ》が人間として生きる。彼らは、お互いを愛し、憎悪し、慕いながら、数千年を繰り返し生きる。今日を生きる私たちの中には、このように数千年にわたって繰り返し生まれ変わった魂が眠っているのかもしれない。私たちが歴史を歪曲し神話に背を向けながらなくしてしまったその何かが、まだ私たちの中にあるかもしれないのだ。

……そして、この話は1500年前に生きた私たちの話でもある。

なんとも解釈が難しい企画意図である。

「歪曲された歴史」という表現には、政権にとって都合のいい歴史を学ばされてきた、という悔恨《かいこん》が感じられる。それを認めたうえで、民族が培《つちか》ってきた歴史の魂をもう一度呼び覚ましてみたい、という制作側の意欲が感じられる。

実際、「太王四神記」は朝鮮半島の建国神話をうまく取り込みながら、高句麗という国家が広開土大王の指揮のもとで徐々に強大になっていく過程が人間本位に描かれていた。その際に、物語に深みを与えていたのが四神の存在だった。企画意図に「青龍、白虎、朱雀、玄武が人間として生きる」と書かれているとおりだ。

果たして、当時の四神はどういう意味をもっていたのだろうか。

四神とは、東西南北の各方角の守り神として考え出された神話的な動物のこと。東が青龍、西が白虎、南が朱雀、北が玄武。この四神を尊ぶ風習はすでに紀元前の中国で定着していて、その影響が朝鮮半島にも及び、広開土大王の時代には高句麗でもかなり重宝された。そのことは、当時の古墳壁画に四神が相当描かれていることからも推定される（日本に波及したことは128ページで説明）。

この四神が「太王四神記」の中で縦横に活躍する。〝天上にいたはずの彼らが人間の姿をして地上に現れ、広開土大王を助ける〟というのが、「太王四神記」のストーリーの中心軸だった。

古代の朝鮮半島の人たちは、四神思想を通して人智が及ばない神秘的な力に自らの運命を託したことだろう。「太王四神記」とは、遥かな古代人の想像力の豊かさをファンタジーあふれる映像で見せてくれるドラマでもあった。

歴史を史実的に描くのがすべてではない。むしろ、当時の信仰神を華やかに見せてくれることによって、現代人が想像の世界で古代人に近づけることもありうる。そんなことを「太王四神記」は全編を通じて感じさせてくれた。

玄武
四神
白虎
朱雀
青龍

朝鮮半島の歴史で非常に珍しい女王を題材にした「善徳女王」

2009年、韓国MBCがイ・ヨウォン主演で「善徳女王《ソンドク》」（全62話）を放送したときは、「いいところに目をつけた」と感心した。

なにしろ、朝鮮半島の歴史上で女王が君臨した例はほんのわずかしかない。希少価値があるうえに、男尊女卑の名残がある韓国社会で「女王」の物語が世に出るのは痛快だからだ。ねらいは当たり、「善徳女王」は最高視聴率が40%を越える大ヒットとなった。

ストーリーは史実とはかなり違っている。ドラマでの善徳女王は、双子の妹として生まれ侍女に育てられる。また、ミシルという妖女が政権を操っていて善徳女王の前に大きく立ちはだかる。

とにかく、即位するまでの善徳女王にあらゆる苦難が襲いかかる。それが視聴者をハラハラさせて「続きが見たい」と思わせるのだろうが、ほとんどがフィクションなので、純粋にエンタテインメントとして楽しめばそれで十分である。

歴史書「三国史記」によると、実際の善徳女王はさしたる困難もなく「順番だから」というように王位に就いた感じだ。それは次の記述からもうかがえる。

「善徳女王の名は徳曼《トンマン》で、真平王《チンピョンワン》の長女だ。徳曼は生まれつき情が深く明敏だった。王が亡くなって子供がいなかったので、人々に推挙されて王になった」

わずか数行だが、この記述の中に善徳女王の波乱万丈《はらんばんじょう》の人生を感じさせるものはない。娘ではあるが、親である王が亡くなったのでごく自然に王を引き継いだ感じだ。しかし、これではドラマにならないので、「女王だった」という既成事実だけを生かし、あとは創作して時代劇「善徳女王」が生まれた。

善徳女王に扮したイ・ヨウォンの演技もよかったが、恐るべき存在感を示したのが裏で宮廷を操る妖女ミシルを演じたコ・ヒョンジョンだ。

不朽の名作ドラマ「砂時計」（1995年制作）で人気女優となった彼女は、財閥《ざいばつ》の御《おん》曹司《ぞうし》と結婚して芸能界を引退。しかし、離婚にともなって久しぶりにカムバックしたが、世の男性を虜《とりこ》にした美貌には陰りが見え、女優としてかつての栄光を取り戻すことができ

なかった。

そこから一転して、「善徳女王」で強烈な悪女を演じて存在感を誇示。その後はドラマの制作発表会でもコワモテぶりを発揮するなど、女王キャラを身につけてトップ級の女優に返り咲いている。

ところで、ドラマの大ヒットのおかげで歴史上の善徳女王も「新羅史上初の女帝」と脚光を浴びるに至ったが、新羅という国は後の高麗王朝や朝鮮王朝と違って女性も王位に就ける環境にあった。

善徳女王のあとにも二人の女王が出ており、善徳女王の実像は166ページで紹介しているので、ここでは他の二人を紹介しよう。

新羅で二人目の女王は、善徳女王のあとを継いだ真徳《チンドク》女王で、在位は647年から654年までだった。善徳女王から見れば、祖母の弟の娘であった。名は勝曼《スンマン》といった。

「背丈は七尺もあって手が膝《ひざ》の下まで届いた」といわれているが、ちょっと信じがたい。身長が2メートルを楽に越える大女ということになってしまう。1300年以上も前の時代にそんな女性が果たしていたのか……。

記録によると、649年に初めて中国の衣冠を用いたとなっている。当時の新羅は百済と高句麗を討つために唐に連合を呼びかけていた。ぜひとも唐の協力を得たくて、衣冠を中国式にしたものと思われる。いわばご機嫌をとるためであったが、それだけでなく、オシャレで外国のファッションを試してみたかったのかもしれない。

真徳女王が亡くなったのは654年。わずか7年の在位であったが、唐と緊密に連携をとり、その後の三国統一の基盤をつくったと評価を受けている。

三人目の女王は真聖《チンソン》女王で、在位は887年から897年までである。新羅で233年ぶりに誕生した女王だった。

この頃は、統一後の新羅も最盛期を過ぎて衰退していた。王位にあっても、何かと苦労が絶えなかったことだろう。

真聖女王の名は曼《マン》。こうしてみると、三人の女王はみんな名前に「曼」の字が入っている。これは、女王につながる縁起のいい文字であったようだ。

「三国史記」の記述によると、真聖女王は888年、美少年数名をひそかに宮中に招き入れて淫乱したという。

そればかりか、その相手の美少年を要職につけて国政を委ねたそうだ。結果的に賄賂《わいろ》が横行して綱紀《こうき》が乱れた。

とんでもない女王である。ただのイケメン好きだけならいいが、情実で人事を動かして国政を乱してはいけない。新羅が滅びるはずである。

897年、真聖女王は「最近、民が困窮《こんきゅう》して盗賊も増えている。私の不徳のいたすところで、退位して王位を賢人に譲りたい」と言って、甥《おい》に禅譲《ぜんじょう》した。そして、同じ年に息を引き取った。

死期が近づいていることを知り、真聖女王は自分の愚に気づいたようだ。引き際だけは潔かった。

古代の海上交易の賑わいを再現した「海神」

古代を舞台にした時代劇というと、なんといっても壮大な戦闘シーンが持ち味だが、別の意味でスケールの大きさを感じさせたのが「海神《ヘシン》」だった。

古代の海上貿易がいかに盛んであったかが画面上によく出ていたし、中国からアラビアにかけての広い地域と新羅が深くつながっていたことがわかった。

その海上貿易の主導権を一手に握ったのが、時代劇「海神」の主人公だった張保皐《チャンボコ》である。「海神」では、低い身分から大出世したことを強調したいがために、張保皐を最下層の奴婢出身者と設定している。象徴的だったのが第38話だった。

張保皐は、新羅の42代王・興徳王《フンドクワン》に呼ばれて、王都で謁見する。

興徳王は張保皐に厳かに言う。

「海賊討伐の功績を早く讃えるべきだったが、身分を問題視する貴族の反対により会うのが遅れた。都の貴族は腐りきっている。余は腐った貴族を一掃《いっそう》し、王室の秩序を再建したい。そちが手伝ってくれ」

時代劇「海神」の制作発表会。左から3人目が張保皐に扮したチェ・スジョン

王からそう頼まれたが、自分の身分を考えると素直に受けられなかった。

「私は奴婢出身ですので……」

そう言って、張保皐は自ら一歩引こうとした。

しかし、興徳王は由緒ある太刀を張保皐に贈って言った。

「そちを清海鎮《チョンヘ》大使に任命し、兵士1万人を授ける。軍を指揮して海賊を阻止し、清海を交易の中心にするのだ」

ここまで言われて張保皐は夢心地だった。

〈奴婢だった俺がここまで栄光をつかんでいいのか……〉

内心でそう感激しながら、張保皐は清海鎮大使を引き受けた。この場合の清海は現在の莞島《ワンド》（朝鮮半島南岸の小さな島）。大使は従来の制度にはない官職で、奴婢出身の張保皐のために新設されたものだった。

この場面は張保皐の大出世を高らかに謳《うた》いあげていたが、ことさら「奴婢出身」を強調して人生の大逆転を演出していた。

しかし、実在した張保皐は、その生年と父祖がわかっていない。本名が弓福《クンボク》という以外、彼の出自は何も伝わっていないのだ。

どんな方法で唐に行ったのか。現地でどのようにして出世したのか。今では闇《やみ》の中だが、「海神」では張保皐の人生をたぐいまれな成功物語として勇壮に描いていた。このあたりは、まさに「ドラマの力」だ。

「海神」がスケールの大きい作品に仕上がったのは、統一新羅の後期に唐との貿易量が飛躍的に増えたという時代背景があったからだ。当時、新羅が唐に輸出した商品は、絹織物、高麗人参、金や銀の細工品、アザラシの皮などだった。逆に新羅が唐から輸入したのは、書籍、絹、工芸品などである。

唐には新羅人の居住地があちこちにつくられ、そこではアラビアの商人も加わって国際的な交易が盛んに行なわれた。

また、張保皐は清海という海上交通の要衝を支配下に入れたことで、交易の莫大《ばくだい》な利益を手中におさめることができた。

まさに「海の帝王」といわれるほどの存在だった。このあたりは時代劇と現実がよく合致している。

張保皐の誤算は、交易で得た資産を武器に政治の世界に深く関与したところから始まる。最後には、血なまぐさい権力闘争でちょっと油断したことが命取りになった。

生年がわからないのに誕生秘話が偉大な「大祚栄」

韓国の時代劇が歴史上の超大物を描くときは、いつも決まった約束ごとがある。それは、主人公が誕生したときに神秘的な現象が現れて将来の運命が予見されるというものだ。いかにも、あとからとってつけたような話なのだが、「そういうことがあるかも」と思わされるほど、どの時代劇も劇的に誕生秘話を描いている。特に印象的だったのが「大祚栄《テジョヨン》」の場合だった。

このドラマは、主人公の大祚栄が誕生する前から物語が始まっている。

高句麗の安市城《アンシソン》は唐の大軍に攻められて危機に瀕《ひん》していた。落城寸前だったのだが、最後の決戦の直前に空に流れ星があらわれて安市城に落ちる。そのとき、赤い光がさしこみ、みんなをビックリさせる。

それは、何かを暗示する光だったのか。

すぐに唐軍の総攻撃が始まったが、高句麗の起死回生の作戦が成功して唐軍は総崩れとなる。なぜ優勢だった唐軍は敗れたのか。

形勢を引っ繰り返したのが、流れ星と赤い光だった。そして、まさに流れ星が落ちた瞬間に生まれた男の子が、後の大祚栄だった……。

こういう筋書きでくれば、たしかに「またか」と思わざるを得ない。しかし、韓国の時代劇が細かい場面設定に凝っていて、ドラマとして見る分には不自然さがない。

たとえば、第5話にこんなシーンが出てくる。

大祚栄の父であるテ・ジュンサンが安市城の司令官であるヤン・マンチュン将軍と次のような会話を交わす。

ジュンサン「わが子が生まれた日に家のまわりに赤い光がさしました」

マンチュン「その子は帝王になる運命をもっている」

ジュンサン「この国には王がいます。その話が確かなら、帝王ではなく逆臣になる運命ではないですか。私の手で子供の運命を断ち切ります」
マンチュン「その子の名は大祚栄だ」
ジュンサン「すぐ死ぬ子に名前など無用です」
マンチュン「私は、逆臣ではなく帝王だと言った。その子の誕生がわれらに勝利をもたらしたのだ。天が祝福してくださった。子が成長したら、高句麗が栄光に包まれる。だから、大祚栄という名前なのだ」

こういうやりとりが続いたが、実に興味深い場面だった。ヤン・マンチュン将軍がテ・ジュンサンの子に運命的な力を感じ、自ら大祚栄という名前をつけている。

確かに、「大」「祚」「栄」というどの文字にも力がみなぎっている。特に「祚」は〝天から授かった福〟〝天子の位〟という意味だ。朝鮮半島の歴史をみても、「大祚栄」ほど王位にふさわしい名前は他にないだろう。

実在の大祚栄は、高句麗が滅亡したあとに遺民を集めて後継国の「渤海《パレ》」を興して初代王となるが、現在では彼の生年は不明だ。いつどこで生まれたかはまったく明らかになっていないのである。ましてや、「流れ星が落ちた日に生まれた」ということも現実の話ではない。

ここで不思議なのは、後に渤海の初代王（在位は698～719年）になった人物なのに、なぜ生年が不明のままなのかということだ。

王になったあとでいくらでも記録をつくれるのに、渤海はそういうことをしなかった。正統的な王朝であれば、歴史を文字で記録するということが行なわれていたはずなのに、渤海はそのあたりがおろそかだったのか。

実は、渤海は698年に建国して以来、当初は唐と対決姿勢を鮮明にしており、文化的には孤立していた。8世紀中頃になってようやく唐と友好関係を結ぶようになり、以後は中国の文物を取り入れて文化を発展させた。

当然ながら、国家として歴史を記録することも行なわれた。そのあたりは初代の大祚栄の頃とは大きく違っていた。

紀元前に生まれた朱蒙でさえ、生年は一応、紀元前58年ということになっている。8世紀に在位した王でありながら、生年がわからないままの大祚栄。渤海の怠慢といわざるを得ないかもしれない。

「太祖王建」は大河ドラマの王道をいく作品！

2000年4月から2002年2月まで韓国KBSで放送された「太祖王建《テジョワンゴン》」は、〝大河ドラマ〟という名に恥じない堂々たる国民時代劇だった。

全200話という長さに驚かされる。当初は150話で終了するはずだったが、あまりの人気に50話を追加。放送が1年11カ月も続いたというのだから、日本ではちょっと考えられないようなロングランだ。

全200話ともなると、描かれているエピソードも膨大《ぼうだい》だが、私がぜひ取り上げたいのは、第157話から第158話にかけて、後百済《フベクチェ》の甄萱《キョンフォン》が新羅《シルラ》の55代王・景哀王《キョンエワン》を自害させる場面だ。当時の時代背景を簡単に説明しておこう。

676年に朝鮮半島を統一した新羅だったが、10世紀に入ると領土はかなり狭くなり、朝鮮半島の北部を支配する後高句麗《フコグリョ》、西南部を領土にする後百済に圧迫されるようになった。

後高句麗の王は弓裔《クンイェ》だったが、暴政がたたって追放され、かわって王建《ワンゴン》が王となって918年に高麗《コリョ》を建国した。一方、後百済の王だった甄萱は勢力を拡大して927年に新羅を攻めた。

危機に陥った新羅は高麗に救援を要請した。王建はそれに応じ、精鋭1万人の兵を新羅に派遣した。

時代劇「太祖王建」では、高麗の援軍を頼りにした景哀王が、連日の大宴会を開いている様子を賑やかに描いている。酔った景哀王は「後百済の連中を懲らしめてやる」と上機嫌だ。

しかし、高麗の援軍が間に合わないうちに、後百済の軍勢が王都に攻め込んできて、景哀王と王妃、重臣たちはこぞって拘束されてしまう。

戦勝気分に酔っている甄萱。その前に引っ張りだされてきた景哀王と王妃。甄萱は侮蔑の言葉をさんざん並べるが、景哀王はおびえきって「命だけは助けてください」と情けなく哀願するだけ。さらに図に乗った甄萱は、景哀王に酒をつぐように命じる。景哀王は震える手で酒をつぐが、甄萱は景哀王の顔にツバを吐き、「きたなく卑しい人間め！」と罵《ば》倒《とう》して蹴《け》飛《と》ばす。

さらに、わざと酒をこぼし、その酒をなめろと景哀王に命令する。ここまで恥をかかされても、景哀王はただ「お助けください」と哀願するだけで、ついに、犬のようにこぼれた酒をなめた。

「王たる人がこんなみじめになるとは……」

周囲にいたみんなから蔑《さげす》みを受けても命乞いを繰り返す景哀王。あえなく自害させられ、王妃も甄萱によって犯されてしまう……。

こういう場面での韓国ドラマは容赦がない。「ここまでやるか」と視聴者が息を呑《の》むような場面が延々と続く。「怨《うら》みを晴らす」というとっておきの場面の前提として、「恥辱にまみれる」という場面を露骨に強調するのだ。そのあたりは、100話以上も延々と続く長期間時代劇で視聴者をつなぎとめておくために必要なことなのだ。

史実は果たしてどうだったのか。

実際に、景哀王は王妃、側室、重臣たちと一緒に宴会を開いていて、後百済の軍勢が攻めてきていることに気がつかなかった。あまりに危機感がなさすぎるとしかいいようがない。国はすでに衰退しきっていたのに、景哀王はまだ強大国の幻影に酔いしれていたのだろうか。愚王のそしりを免れない。

王宮を占拠した甄萱は財宝を略奪し、王を自害に追い込み、王妃を犯した。彼の部下たちも王族や宮中の女性たちを辱めた。そして、甄萱は新羅の後ろ楯になると自ら宣言して、次の王を指名した。それが新羅最後の王となる敬順王《キョンスンワン》であった。

935年、敬順王はもはや新羅の存続が不可能であることを悟った。信頼できる王建に国を捧げ、そのうえで重臣たちを登用してもらうのが最善であると判断した。

しかし、新羅の王子は大反対した。

「国家の存亡には天命があるものです。みんなで力を合わせてやり抜いて、それで力尽きるのならともかく、どうして1千年の国家を簡単に他人に与えてしまうのですか」

ここまで言われても敬順王は決断を変えなかった。王子は慟哭《どうこく》し、以後は山にこもって、麻衣を着て、草を食べて生涯を終えた。人々は王子のことを〝麻衣太子〟と呼び、新羅に殉じた志を讃えた。

結果的に、新羅は高麗に帰順して国家が消滅したが、王族や家臣たちは高麗によって優遇された。規模を拡大させた高麗は、内紛が生じた後百済を936年に滅ぼした。こうして王建は朝鮮半島統一の大英雄となった。

この王建を「太祖王建」で演じたのがチェ・スジョンだった。これが時代劇初出演だったが、それをまったく感じさせないほど演技に古風な品格があった。彼が演じたからこそ、「なるほど。王建は統一王朝を築くほどの大人物だったんだ」と多くの視聴者も納得できたのである。

以後、チェ・スジョンは「海神」「大祚栄」と時代劇の大作に主演して成功し、国民俳優といわれるほどになった。

しかし、彼は浮足立ったりしない。

「いつのまにか国民俳優といっていただくようになって、とても光栄に思います。今は、常に謙虚に暮らし、決して驕《おご》ってはいけないと肝《きも》に銘じています」

「俳優として、演技に対して誠実な心で接してきました。同時に、自分の演技に懐疑的であることが大事だと思っています。具体的には、飢えるということの苦しさを忘れないようにしています。何も持たない人たちが食を得るためにどれだけ苦労しているのだろうか。それを考え、その気持ちで演技をしています」

　こうした言葉を聞いていると、彼が国民俳優として大きな尊敬を集めている理由がよくわかる。

「千秋太后」はデキる女が男たちをアゴでつかう物語

韓国の「新・国史事典」で調べたら、「千秋太后《チョンチュテフ》」という項目はなかった。きっと、歴史の中に埋もれていた女性であったことだろう。

しかし、今の韓国で千秋太后を知らない人はほとんどいない。それは、2009年にKBSでチェ・シラ主演の「千秋太后」（全80話）が放送されたからだ。テレビ時代劇の影響はかくも大きい。

千秋太后は高麗王朝を築いた王建の孫で、7代王・穆宗《モクチョン》の母である。摂政《せっしょう》を通して政治に関与し、強い高麗帝国を夢見ていた。

時代劇「千秋太后」の第45話は、ちょうど穆宗が即位する場面を描いていた。摂政となった千秋太后は重臣たちに対してこう相談をもちかけた。

「わが国を皇帝国として宣布したい。そうなると、契丹《きったん》が黙っていないはず。それに備えて、兵制を強化しなければならない。（文官に比べて地位が低い）武官の地位を上げて、派閥に関係なく人材を登用しよう」

さらに、千秋太后は王となったわが子を諭す。

「私が摂政となるが、あなたは王でなく皇帝を名乗りなさい。契丹をしりぞけ、宋に勝ち、高麗を大帝国にしたい。高句麗のかつての領地も取り返す。北方の敵と戦おう」

大変な鼻息である。まさに、〝鉄の女〟といえるだろう。

このように高麗が皇帝国を称したことに対し、契丹側は激怒する。契丹は当時「遼」という国号を使っていて、先に皇帝国を名乗っていたからだ。

高麗王も皇帝を自称すれば、両国が同格になってしまう。高麗を格下とみなす契丹にすれば我慢ならないことだった（当時の東アジアの秩序では、最高位は「皇帝」で、「王」はひとつ下の位を意味していた）。

朝鮮半島ではどの時代の国家も北方から侵攻してくる異民族に苦労させられたが、とりわけ高麗はその被害が大きかった。高麗時代後期は蒙古に全土を支配されるほどだったが、前期も契丹の侵攻に手を焼いた。

そもそも、契丹とはどういう民族なのか。

元は蒙古族とツングースの混血とされている遊牧民族だ。10世紀初めに中国大陸の唐が衰えると勢力を伸ばし、９１６年に契丹国を建国して王は皇帝を自称した。華北の一部から中国東北部にかけて広い領土を有し、９３６年に国号を「遼」に定めた。さらに領土の拡大をめざして高麗に攻め入っていたのである。

王建が定めた「訓要十条」（子孫が守るべき訓戒）の中にも「契丹を遠ざけて警戒すること」という項目が入っている（191ページを参照）。

高麗にとっては、絶対に負けてはならない相手だった。それだけに、国王の母となって自在に国政を動かせるようになった千秋太后は、あえて契丹を刺激して徹底的に対決姿勢を見せていこうと決意したのである。

そこで、千秋太后は兵の強化を推進し、契丹と国境を接する地域でも城塞の建設に励んだ。彼女の強引な国政運営は反発を招くことが多かったが、その強い意志は決して揺るがなかった。

千秋太后は強気一点張りではなかった。政治を司る者は民衆への配慮を忘れてはならないと肝に銘じていた。息子の即位と同時に恩赦を行ない、徴税の面でも民衆の負担を軽減する政策を実施した。

ただし、朝鮮半島の長い歴史を見ると、女性が政治に深く関与しすぎると、たいていは悲劇的な結末を迎える。

それは、日陰に追いやられた男たちが反乱を起こし、力づくで政権奪取をはかるからだ。デキる女性の陰で男が妬《ねた》むのは今も昔も変わらないのである。

古代韓国なるほどQ&A（1）

Q・古代を扱った時代劇ともなると、宮殿や家屋など当時の施設を再現するのも大変だと思います。どのようにして撮影施設はつくられるのですか。

A・「太王四神記」を例にご説明しましょう。この時代劇は企画が発表になったときから壮大なスケールが話題になっており、撮影施設建設に膨大な経費がかかると予想されていました。その中で自ら名乗りをあげたのが済州島《チェジュド》です。撮影施設建設に費用の面で協力したのは、観光客誘致を見込めるからでした。その一環として、撮影終了後にはロケ地をテーマパークにする構想を打ち出しました。ロケ地側の投資を受けたい製作会社と、ドラマの知名度を集客に活用したい済州島の思惑が一致したのです。当初、撮影施設の建設予定地は貴重なワラビが生息しているということで厳格な環境調査が必要だったのですが、その点でも済州島側が便宜《べんぎ》をはかりました。自治体の協力を得られるというのは、製作会社にとって本当に助かるのです。そして、荘厳な宮殿が何棟も建つという巨大なロケ施設が建設されました。これほど巨額の投資をしたドラマは他になかったほどで、それも済州島の支援を得られたから可能になりました。「太王四神記」は２００７年12月に韓国での放送が終了しましたが、すぐにロケ施設はテーマパークの「パークサザンランド」になり、ドラマの中によく出てきた宮殿や市場などが一般に公開されました。オープン直後はペ・ヨンジュンのファンをはじめ多くの観光客が訪れ、集客という面で済州島のねらいは当たりました。ただ、作品の記憶が薄れると同時に見学者が減っていくのは、どのロケ施設も同様です。

Q・韓国の時代劇の場合、韓国語版では古めかしい言葉づかいをしているのですか。

A・古めかしいと思えるのは語尾だけですね。登場人物たちの会話では視聴者が容易に理解できるように現代韓国の言葉が使われていますが、語尾はいかにも昔の用語です。日本語でいえば「〜候《そうろう》」のようなものです。とはいえ、語尾だけでも古めかしいと往時の雰囲気がよく出ていて、それなりに臨場感があります。

ただ、視聴者が時代劇を見ていて一番困るのが役職名なのです。難しい漢字を使ったものが多く、聞いただけでは今の韓国人にはわかりません。そこで、会話に役職名が出るときは、韓国語版でも頻繁に字幕の説明文がつきます。

ところで、韓国の時代劇を日本語版に編集すると、配下の者が王に呼びかけるときによく「王様」と翻訳していますが、韓国語版で古代のときは「陛下《ペーハー》」と呼ぶのが普通です。本来の発音は「ペハ」なのですが、畏《おそ》れ多いことをさらに強調するかのように語尾をのばして「ペーハー」にしています。きっと、韓国語版で時代劇を見たら、「ペーハー」のオンパレードになっていることでしょう。

第2章

朝鮮半島の歴史がスリリングにわかる

朝鮮半島の始まりを描いた「檀君神話」

韓国に住む人たちの祖先は、一体どこから来たのだろうか。

DNAを細かく分析することが可能になって、韓国の人たちのルーツが少しずつわかってきた。

実際に韓国人の遺伝子を調べてみると、その祖先の出自は、ロシアのバイカル湖付近を出身地とする北方系の人たちが75％前後、南方から朝鮮半島に北上してきた人たちが25％前後ということが推定されるようになった。

つまり、現在の韓国人の四人に三人は、シベリア方面から暖かい土地を求めて南下してきた人たちの子孫ということになる。厳寒の地からやってくれば、確かに朝鮮半島は住みやすかっただろう。

この地に定住した人々は、やがて部族を形成するようになり、朝鮮半島の各地に様々な部族が割拠《かっきょ》して、ときには領地をめぐって争った。

そうした部族を束ねて朝鮮半島で最初の国家を築いた立役者が檀君《タングン》ということになっている。この檀君は現在の韓国でも「民族の始祖」と称されるが、謎《なぞ》に包まれている部分が多い。たとえば、「檀君神話」という民族誕生の起源は、次のような内容だ。

はるかな昔のこと、天を支配していた桓因《ファニン》に桓雄《ファヌン》という息子がいた。桓雄は心優しき男で、地上の人間社会のことをとても心配していた。彼があまりに人間のことを気にかけているので、桓因は桓雄に「人間の面倒を見てこい」と命令を出した。こうして桓雄は天から降り、地上の人間社会が平和になるように尽力した。

人間が幸せに暮らす様子を見ていて、とてもうらやましくなったのが熊と虎だった。

「私たちも人間にしてください。よろしくお願いします」

熊と虎は桓雄にそう頼んだ。必死の頼みごとを無視するわけにもいかないので、桓雄はひとつの条件を出した。

「ヨモギ一束とニンニク20個を与えよう。これを食べながら、神に百日間祈り続けることだ。ただし、日の光を浴びてはいけない」

熊と虎は桓雄の言いつけに従い、日の光を避けて洞窟にこもり、ひたすら祈り続けた。しかし、日が経つにつれて辛《つら》くなり、虎はとうとう辛抱《しんぼう》ができなくなって逃げ出した。残った熊はへこたれず、ついに桓雄の言いつけを守って人間の女にしてもらった。以来、熊《ウン》女《ニョ》と名乗るようになった。

月日が経つと、熊女は他の女性と同じように子供がほしくなった。そこで、桓雄にもう一度願い出た。

「子供がほしいのです。ぜひとも子供を授けてください」

必死の願いを桓雄は聞き入れてくれた。なんと、熊女は桓雄の妻として迎え入れられたのだ。

やがて桓雄と熊女の夫婦に子供が生まれた。それが檀君王倹《ワンゴム》だった（以下、檀君と表記）。聡明な人間として成長した檀君は、自らが守る国を朝鮮《チョソン》と名づけた。そして、人々に向かってこう言った。

「私たちの祖先は天にいらっしゃる帝です。その方がいつも私たちを見守ってくださるでしょう」

この言葉のとおり、朝鮮は人々が平和に暮らす国として発展していった。

以上のような神話に描かれた国が「檀君朝鮮」である。建国は紀元前２３３３年。ただし、考古学的にこの国の存在が立証されているわけではない。

檀君朝鮮のあとにも、朝鮮半島には箕子《キジャ》朝鮮、衛満《ウィマン》朝鮮という国が続いたとされる。こうした三つの朝鮮を合わせて古朝鮮という。その総称は、１３９２年から１９１０年まで続いた朝鮮王朝と区別するためにあえて付けられたものだ。

この古朝鮮の中で、考古学的に存在が確認されているのは衛満朝鮮だけ。つまり、史実として立証される朝鮮半島の国は衛満朝鮮が最初ということだ。

この衛満朝鮮は、紀元前194年から紀元前108年まで存在したと推定されている。衛満とは燕（古代中国にあった国のひとつ）から亡命してきて朝鮮半島北部を支配した人物のことだ。衛満は領土的野心が強く、自らの支配地を広げようとして漢の武帝の逆鱗《げきりん》に触れ、結局は漢によって滅ぼされてしまった。その後、漢は衛満朝鮮の領土に楽浪郡《らくろうぐん》など四つの郡を置いて直轄地《ちょっかつち》にした。

故郷を追われた朱蒙が新たに高句麗を建国した

漢が直轄地を置いたとはいえ、朝鮮半島北部から中国東北部（旧満州）にかけての広い地域には土着の部族たちが支配地域をもっていた。その中で特に有力だったのが扶余《プヨ》である（扶余は他にも夫余、扶餘、夫餘と表記されることがある）。

扶余の人たちは勇敢で慎み深く、歌舞飲酒を好んで暮らしたといわれる。そうした人々の中から生まれたのが、後に高句麗を建国した朱蒙《チュモン》である。

朱蒙の誕生は神話に彩られている。ここで詳しく見てみよう。

扶余の王であった解夫婁《ヘブル》には子供がいなかったので、彼は祭祀を何度も行なって天に子の誕生を願っていた。

ある日、馬に乗っていた解夫婁は不思議な魔力をもつ石を見つけた。それを転がしてみると、蛙《かえる》にそっくりで金色に輝く赤ん坊が現れてきた。

「天が私の願いをかなえてくれたのだ」

喜んだ解夫婁はその赤ん坊を「金蛙《クムワ》」と名づけ、大切に育てて後継ぎにした。その後、解夫婁は配下の宰相の進言もあって都を移し、国の名を「東扶余」に改めた。

一方、解夫婁が治めていた旧地には「天帝の子」を自称する解慕漱《ヘモス》が現れて「北扶余」という国を興した。

東扶余では、解夫婁が世を去り、金蛙が王となった。ある日、金蛙王は川のほとりで意気消沈して今にも身を投げそうな女性を見かけた。気になって訳を尋ねてみると、女性は柳花《ユファ》と名乗り、こう言った。

「自ら天帝の子と称する解慕漱という男に犯され、家を追い出されてしまいました」

哀れに思った金蛙王は柳花を保護した。

紀元前1世紀の朝鮮半島

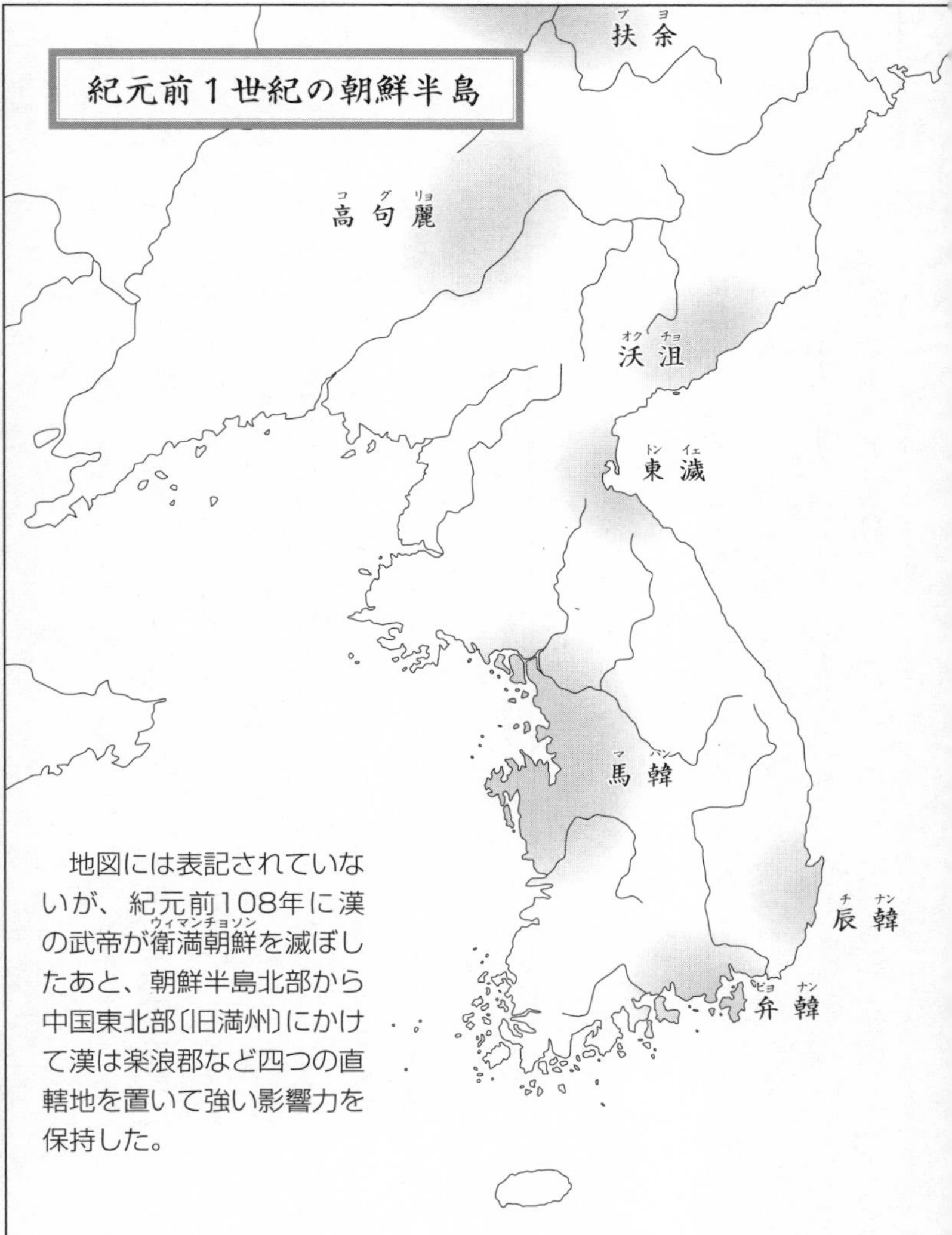

地図には表記されていないが、紀元前108年に漢の武帝が衛満朝鮮《ウィマンチョソン》を滅ぼしたあと、朝鮮半島北部から中国東北部〔旧満州〕にかけて漢は楽浪郡など四つの直轄地を置いて強い影響力を保持した。

朝鮮半島各地で有力部族が小国家を築いた。北部では、扶余から分かれて高句麗が誕生。沃沮と東濊は先進文化を受容できず、高句麗の圧迫によって滅んだ。南部の馬韓、辰韓、弁韓は、それぞれ百済、新羅、伽耶に発展した。

すると、柳花は大きな卵を生んだ。気味が悪くなった金蛙王はこの卵を野に捨てたが、結局は取り戻し、柳花に返した。やがて卵の殻を破って男の子が出てきた。

この男の子は立派に成長した。体格がよく、弓の名手だった。扶余では昔から弓に長《た》けた者を「朱蒙」と呼んだので、彼の名も朱蒙になった。

この勇敢な若者を恐れたのが、金蛙王の七人の子供たちだった。特に長男は金蛙王に向かって「朱蒙を放っておくと、わざわいを招くことになります」と言って、朱蒙を排除するように詰め寄った。しかし、金蛙王はそうしなかった。むしろ、朱蒙を重用し、その才を褒《ほ》めたたえた。

王子たちは配下の者とはかって、朱蒙を殺そうとした。その動きを察知した柳花は、朱蒙に「この地を早く出なさい」と言った。

「このままでは、あなたは殺されてしまうわよ。大丈夫、あなたならどこへ行っても生きていける。ここでわざわいを受けるより、遠くへ行って思いっきりやりなさい」

母の忠告に従い、朱蒙は国を出て新天地に向かう決心をした。ただし、妻を残していかざるを得なかった。どんな苦難が待ち受けているかがわからなかったからだ。

東扶余を出たあと、朱蒙は精力的に各地を訪ねた。

ついには肥沃《ひよく》な大地を見つけて、そこに都をつくって高句麗《コグリョ》を建国した。朱蒙が22歳のときのことだった。

都は当時「卒本《チョルボン》」と呼ばれており、今でいうと鴨緑江《アムノッカン》の中流域の北側あたりである。

ロマンの香りがする新羅の建国神話

朱蒙は卓越した才能で領土を拡大し、できたばかりの高句麗を大いに発展させた。

紀元前24年、柳花が東扶余で亡くなった。金蛙王は丁重に彼女を弔い、神廟《しんびょう》を建てた。

朱蒙はこのことに感謝し、金蛙王にお礼の品々を贈った。

紀元前19年、一人の若者が朱蒙のもとを訪ねてきた。なんと朱蒙の長男の瑠璃《ユリ》であった。朱蒙が東扶余を出た直後に生まれたという。

朱蒙はとても喜んだが、瑠璃の出現は内紛の種になりそうだった。というのは、朱蒙は新天地でも結婚していて、沸流《ピリュ》と温祚《オンジョ》という二人の息子がいたからだ。瑠璃を加えて直系の息子は三人になったが、王位に就けるのは一人だけだった。

結局、朱蒙が皇太子に指名したのは瑠璃だった。沸流と温祚はやむを得ず、10名の家臣とともに高句麗を去り、南に下って行った。すると、多くの農民たちが二人を慕って従った。

一行は住みよい土地を求めて旅を続けたが、沸流は海浜に住みつこうとした。家臣は「もっと住みやすい土地があるはずです」と反対したが、沸流はその意見を聞かず、海浜を拠点として、ついてきた民の一部と一緒に住んだ。それが今の仁川《インチョン》のあたりである。

温祚は慰礼城《ウィレソン》（今でいうとソウル郊外）が気に入り、そこに都を築いて国号を十済《シプチェ》と決めた。紀元前18年のことだ。

慰礼城は大いに発展し、十済はどんどん大きくなった。一方、沸流のほうは痩せた土地に苦しみ、苦労が耐えなかった。彼は温祚が成功しているのを見て心から恥じて、その苦《く》悶《もん》の中で息を引き取った。

沸流に従っていた民たちも温祚の配下として合流し、十済はさらに大きな国になった。それを機会に、国号も「百済《ペクチェ》」に改めた。

つまり、百済は扶余国の流れをくむ国家なのだった。その点では高句麗と同じであり、両国は兄弟国の関係にあった。

高句麗と百済に独自の建国神話があるように、新羅《シルラ》にも興味深い建国神話がある。その内容はといえば……。

現在の慶州《キョンジュ》はかつて徐羅伐《ソラボル》と呼ばれていた。この地域はもともと大地が肥沃《ひよく》で、農業に適しており、六つの氏族がそれぞれ村をつくって平和に暮らしていた。

そのうちのひとつである高墟《コホ》の村長がある日、林の中で馬がひざまずいているのを見つけた。様子を見ようと近づいてみると、いつのまにか馬はいなくなっており、大きな卵が残っていた。

村長は不思議に思ったが、何かの魔力に導かれるように卵を割ってみると、中から赤ん坊が出てきた。村長はとても喜び、赤ん坊を大事に育てた。その子が13歳になる頃には誰もが認める大人物になった。そこで、六つの村では彼を王にして統治をまかせることにした。それが新羅初代の王といわれる朴赫居世《パクヒョッコセ》である。

この神話には続きがある。それは、朴赫居世の妻についてのことだ。

あるとき、閼英《アリョン》という井戸のそばに竜が現れて人々を驚かせた。その竜はなんと、女の子を産んで去って行った。それを見ていた老婆《ろうば》は女の子があまりにかわいかったので、自分で育てることにした。井戸の名にあやかって、女の子を閼英と呼ぶことにした。

閼英は成人すると、性格が優しくて美貌《びぼう》に恵まれた娘になった。その評判は朴赫居世の耳にも入り、彼は閼英を妃として迎え入れた。

王と妃は仲よく暮らし、行ないも正しかった。国は大いに発展し、人々は王と妃を「二人の聖人」と崇《あが》めた。

以上が伝えられている神話だが、歴史書「三国史記」によると、朴赫居世が即位したのは紀元前57年で、妃を迎え入れたのは紀元前53年ということになっている。

世の中は三韓時代から三国時代へ！

紀元前から紀元後にかけての朝鮮半島の情勢を改めて見てみよう。

朝鮮半島北部から中国東北部にかけての広い地域には、漢が楽浪郡をはじめとする四郡の直轄地を置いていた。その一方で、扶余国が力を伸ばし、その同系から高句麗が建国された。

また、朝鮮半島の中央部から南部に至る地域には、馬韓《マハン》、弁韓《ピョナン》、辰韓《チナン》といった国家が存在していた。いわゆる三韓時代である。ただし、国家といっても現代的にいえば、各部族が集まってゆるやかな集合体を作っていたという状況だった。

そうした中で、強大化した部族が中心になって国家の再編成が行なわれるようになり、馬韓が百済に発展し、辰韓が徐々に勢力を増してやがて新羅に変わった。また、弁韓でも再編成が行なわれて後の伽耶《カヤ》になった。

徐々に朝鮮半島での勢力が明確になってきた。つまり、農業用地を広げたり鉄器の製造に成功したりして著しく勢力を伸ばした国家が生き残ったのである。

時代が紀元後になってから、朝鮮半島北部から中国東北部にかけて高句麗、朝鮮半島の南東部に新羅、朝鮮半島の南西部に百済が一定の領土を確保するようになった。ただし、高句麗は漢の影響力をなかなか排除できず、一本立ちするのに時間がかかった。

また、新羅と百済にはさまれた形で存続した伽耶は、小さい連合国家ながら当初は三国に対抗できる力を備えていた。

伝説の初代王といわれたのが金首露《キムスロ》であり、その在位はなんと紀元後42年から199年までだった。あり得ないほどの長さで、多分に神話もまじった人物であった。

伽耶は鉄の生産でよく知られ、その製鉄技術は日本にも大きな影響を与えた。しかし、5世紀以降に新羅や高句麗から圧迫を受け、徐々に力が弱まった。

結局、中央集権国家としての政治的な制度を整えられなかったことが致命傷になり、562年に新羅に統合されている。

ここからは、高句麗に話を戻そう。

初代王の朱蒙は、紀元前19年に世を去った。それからの高句麗は、周辺地域の小国を吸収しながら徐々に領土を拡大していった。

紀元後3年、2代王の瑠璃《ユリ》（在位は前19～後18年）は都を鴨緑江《アムノッカン》中流の国内城《クンネソン》に移した。その地は土壌が豊かで、軍事的にも地の利にまさっていた。

順調に国力を伸ばした高句麗がさらに飛躍したのが、6代王・太祖《テジョ》（在位は53～146年）の時代だ。彼はわずか7歳で即位したが、幼少のときから才能がずば抜けていた。成人してからは、楽浪郡を抑え込み、朝鮮半島東北部と中国東北部で版図《はんと》を広げた。記録によると、百歳となった146年まで王位に就いていたことになっている。「太祖大王」と称されるのも無理はない。

王権を強化した高句麗は、313年には楽浪を攻めて、中国の勢力を追い出すことに成功した。とはいえ、百済との戦いで大敗を喫して存亡の危機を迎えた時期もあった。そうした苦難を克服したのが17代王の小獣林王《ソスリムワン》で、彼は国家体制を改革して中央集権化を進める一方で、仏教を受け入れて民心の安定にも尽力した。

小獣林王が土台を築いたうえで、いよいよ19代王として広開土大王《クァンゲトデワン》が391年に即位した。

今、韓国において広開土大王は、誰もが慕う「民族の誇り」である。それは、彼が朝鮮半島の歴史上で最大規模の領土を確保したからである。狭い今の韓国からすれば、それは夢のような広さだった。もともと名は談徳《タムドク》で〝広開土〟は諡《おくりな》なのだが、そこには「広い国土を切り開いた」という功績がそのまま込められている。

実際、16歳という若さで高句麗王になった広開土大王は、北は中国東北部、西は遼東半島、南は朝鮮半島中央部まで領土を広げ、5世紀前半に東アジアの一大帝国をつくりあげた。それを可能にした要因は、強力な騎馬軍団と優れた製鉄技術だった。もはや周辺地域で高句麗に対抗できる勢力はなかった。

広開土大王が38歳で亡くなるまでの在位期間は22年間だったが、それはそのまま高句麗の黄金時代に直結していた。

繁栄はその後も続いた。広開土大王のあとを継いだ20代王・長寿王《チャンスワン》は、都を国内城から平壌《ピョンヤン》に移し、南側で対峙《たいじ》する百済と新羅に圧力をかけた。

熾烈な戦いが続く中で百済が大奮闘！

百済は立地上の利点をもっていた。それは、領土が朝鮮半島でも有数の穀倉地帯だったということだ。その豊かな大地を生かして力をつけた百済は、4世紀後半に朝鮮半島の南岸にまで版図を拡大させた。その最大の功労者は、13代王・近肖古王《クンチョゴワン》（在位は346～3

75年）だった。

都の慰礼城は今のソウル周辺にあたり、そばを漢江《ハンガン》が流れていた。その漢江の川原で近肖古王は軍を徹底的に鍛えた。自信を深めた近肖古王は、高句麗との戦いに積極的に出ていき勝利を重ねた。

しかし、近肖古王が亡くなってからは、安泰の時代が長く続かなかった。執拗《しつよう》に南下を狙《ねら》う高句麗は、475年に大軍で百済の慰礼城を攻めた。大激戦だったが百済の旗色が悪くなり、ときの百済21代王・蓋鹵王《ケロワン》は、避難する途中で高句麗軍につかまって殺された。

百済は、高句麗との戦闘はいたずらに国力を衰退させると考え、都を南の熊津《ウンジン》に移した。ここは現在の公州《コンジュ》である。この遷都によって、百済は劣勢を挽回《ばんかい》することができた。

501年、25代の武寧王《ムリョンワン》が即位し、523年まで善政を行なった。この頃には国力も回復し、絢爛《けんらん》たる王朝文化が隆盛をきわめた。26代・聖王《ソンワン》（日本では聖明王と呼ばれている）はさらなる発展を祈願して、都を泗沘《サビ》（現在の扶余）に移した。

また、聖王は仏教に深く帰依《きえ》していて、552年に日本の朝廷に仏像や経典を贈った（538年だったという説もある）。このとき仏教が日本に初めて伝わったといわれている。

彼が日本に目を向けていたのは、新羅と高句麗を牽制《けんせい》する目的が強かったからだと思われる。

5世紀の三国時代

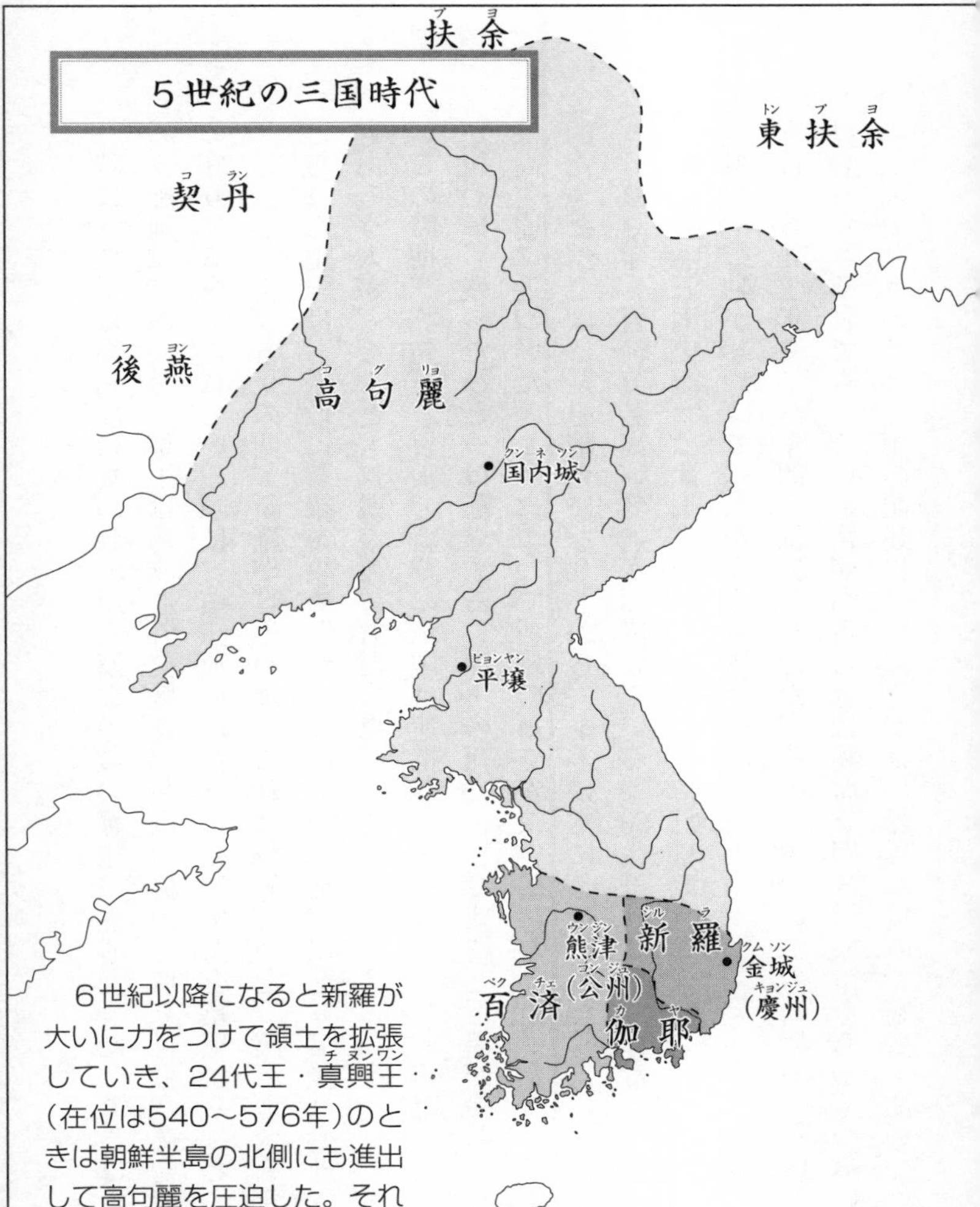

6世紀以降になると新羅が大いに力をつけて領土を拡張していき、24代王・真興王《チヌンワン》（在位は540〜576年）のときは朝鮮半島の北側にも進出して高句麗を圧迫した。それによって高句麗は徐々に衰退していった。

高句麗が最盛期のとき、朝鮮半島の北部から中国東北部（旧満州）にかけて広大な領土を獲得して、百済と新羅は南側に追いやられた。この両国の間に伽耶があったが、6世紀に新羅に吸収された。

特に、聖王は高句麗に奪われていた漢江地域の奪還に熱心だった。そこはもともと先祖の支配地域であった。聖王は巧みな外交戦術で新羅の協力を取り付け、高句麗が北方地域の守りに気を取られている隙《すき》に、漢江地域から高句麗の勢力を駆逐することに成功した。

しかし、喜びも束《つか》の間《ま》、新羅が寝返った。これは誤算だった。漢江地域を新羅にかすめとられた聖王は、果敢に新羅を攻めたが、その最中に捕虜になり最後は処刑された。王ともあろう人が、なんとも無残な死に方だった。

この時期、高句麗、百済、新羅の三国は連携と敵対を繰り返していた。どちらかふたつが組めば、残ったひとつは孤立する。聖王の死によって新羅と百済が険悪になると、百済は高句麗に近づいた。これによって新羅の孤立が決定的になった。ただ、その構図も流動的だった。三国は疑心暗鬼になりながら、生き残りに必死だった。

６００年、百済で名高い名君が即位している。30代王の武王《ムワン》である。

歴史書「三国史記」は武王について次のように記している。

「風貌や行動がりっぱで、志が高く豪傑だった」

彼は６４１年まで41年間王位にあったが、その人生はいつも新羅や高句麗との戦いに明け暮れた。それでも、心に余裕があるときは宴席を開き、家臣たちとくつろいでいる。

「三国史記」の６３６年の記述には、武王が都の風雅な場所で宴会を開いている様子が残されている。

「王は酒を飲み、大いに喜び、鼓を打って、琴を弾き、自分でも歌った。家臣の者たちも、一緒になって踊った」

それは、さぞかし幸せなひとときであったことだろう。

百済の人々はまだ、すぐそこにある危機に気づかなかった。時代は見えないところで大きく動いていたのだが……。

新羅発展の原動力になった「花郎精神」

先に新羅の建国神話を紹介したが、国家の名称として「新羅」が歴史上に登場するのは4世紀後半である。それ以前は慶州周辺の6つの小国が連合体として斯盧国《サロ》（辰韓のひとつ）を形成していた。

当初は神話にも登場した朴氏の子孫が王位を継承していったが、昔《ソク》氏の一族から4代王が誕生し、さらに13代王は金《キム》氏の一族から誕生した。このように、斯盧国は朴、昔、金という三氏から王が選ばれていた。

やがて金氏の力が強くなり、356年に即位した奈勿王《ネムルワン》以降、王位は金氏の一族が独占するようになった。それによって、土着的な要素が強かった小国連合国家が、中央集権国家に変貌を遂げていった。歴史的には、この奈勿王が即位した年を新羅の誕生と結びつける記述も多い。

高句麗や百済と比べて、もとは小さな領土から出発した新羅であったが、水利事業の発展によって農業生産性が大いに向上し、それにともなって勢力を拡大していった。同時に、政治制度を整備してからは積極的な統合政策を推進し、伽耶が支配していた洛東江《ナットンガン》流域も占有するに至り、高句麗や百済に対抗できる存在となっていった。

新羅の人材育成制度は独特だった。特に、重んじられたのが「花郎《ファラン》精神」である。

この「花郎」というのは、貴族階級で育った青年たちの集まりのこと。そこでは徹底的な思想教育が行なわれたが、その精神的支柱が花郎精神だった。具体的には、「王に忠誠を尽くせ」「親孝行をするべし」「信頼して友人と交流せよ」「戦では絶対に退却するな」などと教え込まれる。

さらに、花郎の青年たちは、伝統的な祭典や儀式を通して社会通念を学び、軍事訓練や狩猟を通して身体を鍛えた。こうしたエリート教育が新羅の青年たちをたくましく育て、軍事面でも強兵の土台となった。

やがて、花郎精神は多くの青年たちの教育現場でも取り入れられ、それを習得した若者たちが兵士として戦場に送り込まれるようになった。彼らは、自らを犠牲にして新羅のために戦った。彼らの忠誠心のおかげで、新羅の領土は徐々に広がっていった。

当時、新羅は高句麗の南下を常に警戒していて、その点では百済と利害が一致し、両国は443年から約110年間も良好な同盟関係を結んでいた。しかし、554年、新羅は百済と協力して高句麗から漢江地域の領土を奪ったが、それを独占しようとして百済と対立し、同盟関係は破綻《はたん》した。

以後、新羅は三国の中で孤立するようになった。そこで、中国大陸に使節を盛んに派遣して、背後から高句麗や百済を牽制する戦術に出た。窮余の策だったが、ここから新羅は飛躍するきっかけをつかんだ。

新羅・唐の連合軍が百済を滅ぼす

7世紀前半、唐は高句麗を執拗《しつよう》に攻めたが、ことごとく失敗に終わっていた。唐は新羅と連合することで、新たに朝鮮半島を占領するという野心を燃やした。

643年、新羅は、連携していた百済と高句麗から攻められた。すぐさま、唐に援軍を頼んだ。しかし、唐はすぐには動かなかった。身内の王族を新羅の王にすることを条件にあげてきた。

その当時、新羅の王は27代の善徳《ソンドク》女王だった。彼女は聡明であったが、新羅の政権を掌握していた保守派は唐が出した条件をのんで善徳女王を廃位にしようとした。

「とんでもないことだ。絶対に許さない」

強硬に反対したのが王族の一人であった金春秋《キムチュンチュ》だった。彼は巧みな外交戦術で唐の協力を引き出した。新羅・唐の連合軍を組織した立役者で、654年に即位して29代王の武《ム》烈《ヨルワン》王となった。

新羅・唐の連合軍は「先百済、後高句麗」という攻撃方針を決めた。攻めやすいほうから先に滅ぼす、というもくろみだった。

百済では、名君の誉れが高かった武王のあとを継いで、641年から31代の義慈王《ウィジャワン》の治世となっていた。

この王は当初、歴史書「三国史記」に「勇敢で大胆であり、決断力があった」「親孝行し、兄弟を大切にした」と快男児のように評されるほどの人物だったのだが、656年の記述では「王は淫乱と享楽をむさぼり、酒を飲んで遊興した」「王は家臣に諫《いさ》められると、その者を投獄してしまった。もはや諫める者がいなくなった」と書かれる始末だった。三国が拮抗していた時代に、王がこの体《てい》たらくでは生き残れない。

新羅には、「花郎精神」の権化ともいえる大将軍の金庾信《キムユシン》がいた。一方の百済にも名将の誉れが高かった階伯《ケベク》が控えていた。大決戦に向けて大物役者が揃《そろ》っていたのだが、兵力には圧倒的な差がついていた。しかも、百済は王宮内が腐敗していた。

階伯将軍の奮戦もかなわず、660年に百済は新羅・唐の連合軍に攻められて滅んだ。都の泗沘《サビ》（今の扶余）は何日も燃え続けたあと、焼け野原になったという。

今、扶余に行って市内の扶蘇山《プソサン》に登ると、眼下に錦江《クムガン》が見える断崖の場所に落花岩という岩場がある。そこは、王都陥落の最中に敵軍によって辱めを受けることを恥じた王宮の女官たちが身を投げた場所だ。彼女たちが川に落ちていく様子が、あたかも色とりどりの花が落ちていくようであったという。滅んだ国には悲しみに包まれた話が尽きない。

都が占領されたとはいえ、百済再興を願う人たちは各地で新羅・唐の連合軍に局地戦を挑んだ。

また、百済に残った王族の一部は、日本の朝廷に援軍を要請した。当時、百済系の渡来人が高位についていたこともあり、朝廷は援軍と船400隻を朝鮮半島に派遣した。

こうして、旧百済と日本の連合水軍は、錦江の下流で新羅・唐の連合軍に果敢に攻撃を仕掛けた。しかし、日本は水上での戦いに慣れておらず、船の規模そのものも違いすぎた。結局、大敗を喫してしまう。錦江は敗者の血で染まったという（日本では「白村江《はくそんこう》の戦い」〈はくすきのえのたたかい〉とも呼ばれている）。

この敗戦によって百済は命脈を絶たれた。

その結果、おびただしい難民が生まれ、その多くは日本をめざした。百済の滅亡は日本にも大きな影響を及ぼしたのだ。

統一新羅と渤海が対峙する2強時代へ！

同盟国の滅亡によって孤立した状態になってしまった高句麗。以前から唐の攻撃を受けていたが、傑出した指導者であった淵蓋蘇文《ヨンゲソムン》がずっと高句麗の屋台骨を支えていた。

彼は自ら王になれる立場だったが、そうせずに最高官職の地位にとどまって全土に目を光らせていた。

新羅では、武烈王《ムヨルワン》が661年に亡くなり、文武王《ムンムワン》が30代王となっていた。彼の父は武烈王で、母は金庾信《キムユシン》の妹だった。血筋の良さは天下一品であり、伯父でもあった金庾信に支えられながら、朝鮮半島の統一に執念を燃やした。

666年、淵蓋蘇文が世を去った。偉大な指導者を失った高句麗は混乱し、淵蓋蘇文の息子たちは跡目をめぐって内紛を起こす始末だった。こんな状態では、新羅・唐の連合軍にかなうはずがない。

668年、28代王・宝蔵王《ポジャンワン》は降伏し、栄華を誇った高句麗は滅亡した。

共通の敵を倒した新羅と唐。もはや両国に歯向かう国はない。こうなると難しいのが、領土の配分だ。思惑は一致せず、唐は高句麗や百済の土地を思いのままに占領しようとした。当然ながら、新羅が見過ごすはずがない。

新羅仏教を象徴する仏国寺。新羅の都だった慶州にある

新羅と唐の武力衝突が始まった。新羅は高句麗や百済の遺民たちを巧みに吸収して軍の規模を拡大し、唐の20万人という大軍を撃破。さらに、唐の水軍にも壊滅的な損害を与えた。何よりも、新羅の兵士には「祖国を守れ！」という使命感があった。ここでも「花郎精神」は強力な武器になった。

776年、新羅は唐の勢力を朝鮮半島から追い出し、宿願だった三国統一を果たした。金字塔ともいえる偉業であったが、惜しまれるのは、新羅が統一した地域が大同江《テドンガン》より南側ということだった。つまり、高句麗の領土のうちの北側が入っていない。外国の勢力に頼った結果でもあるのだが、この点は今の韓国でも論争のひとつになっていて、「新羅の三国統一を評価しない」と語る人がいるのも事実だ。

一方、高句麗滅亡後に多くの民が捕虜となって唐に連行されたが、高句麗の領地に残っていた人たちは唐に対するゲリラ活動を続けた。業を煮やした唐は、高句麗の領土の住民を分散させる政策を行なった。その結果、多くの人々が流浪《るろう》の民となったが、彼らは志が高かった。

「かならず高句麗を復興させてみせる」

そう決意する人の中に、大祚栄《テジョヨン》がいた。彼は多くの高句麗の遺民たちを率いてはるか東の地へ移動し、そこに新たな国を興した。それが698年に誕生した震《チン》である。国号は後に渤海《パレ》と改められた。

結局、新羅が三国を統一したとはいえ、高句麗の領土の北側（現在の中国東北部）には新羅の統治が及んでいなかった。そこを渤海が統治したというのが8世紀から9世紀にかけての朝鮮半島の勢力図だった。

9世紀の南北国時代

渤海は新羅と唐にはさまれる形で存続したために、孤立させられることを警戒していた。そこで、新羅の背後に控える日本に協力を求めるために、さかんに日本に使節を送って友好関係を築いていた。

776年に新羅が朝鮮半島を統一した後、高句麗の遺民たちによって698年に渤海が建国された。渤海は沿海州に至るまでの広大な領土を獲得。新羅と対峙したこの時代を特に南北国時代という。

渤海は高句麗の魂を受け継いだという誇り高い国家だった。実際、その地に住む人々の多くはかつての高句麗人だった。

また、王権も強化されていて、初代の大祚栄（高王と称された）から長子相続を原則とする王位継承が確実に行なわれていた。注目すべきことは、固有の年号を使用したということだ。これは、唐と対等な存在だということを強調するものであった。

実際、渤海は新羅と唐から攻撃を受けたが、これをしのいで逆に領土を広げるほど強かった。日本と長く友好関係を保ったのも、新羅や唐と対立しても決して孤立しないための外交術だった。

このように、東アジアで独自の路線を歩んだ渤海だったが、10世紀に入って国力が衰え、926年に契丹によって滅ぼされた。698年の建国から228年後だった。亡国の民となった人々の多くは高麗に移っている。

三国統一後の新羅は、対外関係が安定したことで政治・経済・文化のあらゆる面で大いに発展した。

都の慶州は「シルクロードの終着地」という意味合いをもち、東西の文物が集まる大都会となった。外国との交易が盛んになるにつれて、人々の生活も変わった。かつては「質実剛健」が新羅の気風だったが、華美な生活がもてはやされ、貴族の求めに応じて洗練さ

10世紀初めの後三国時代

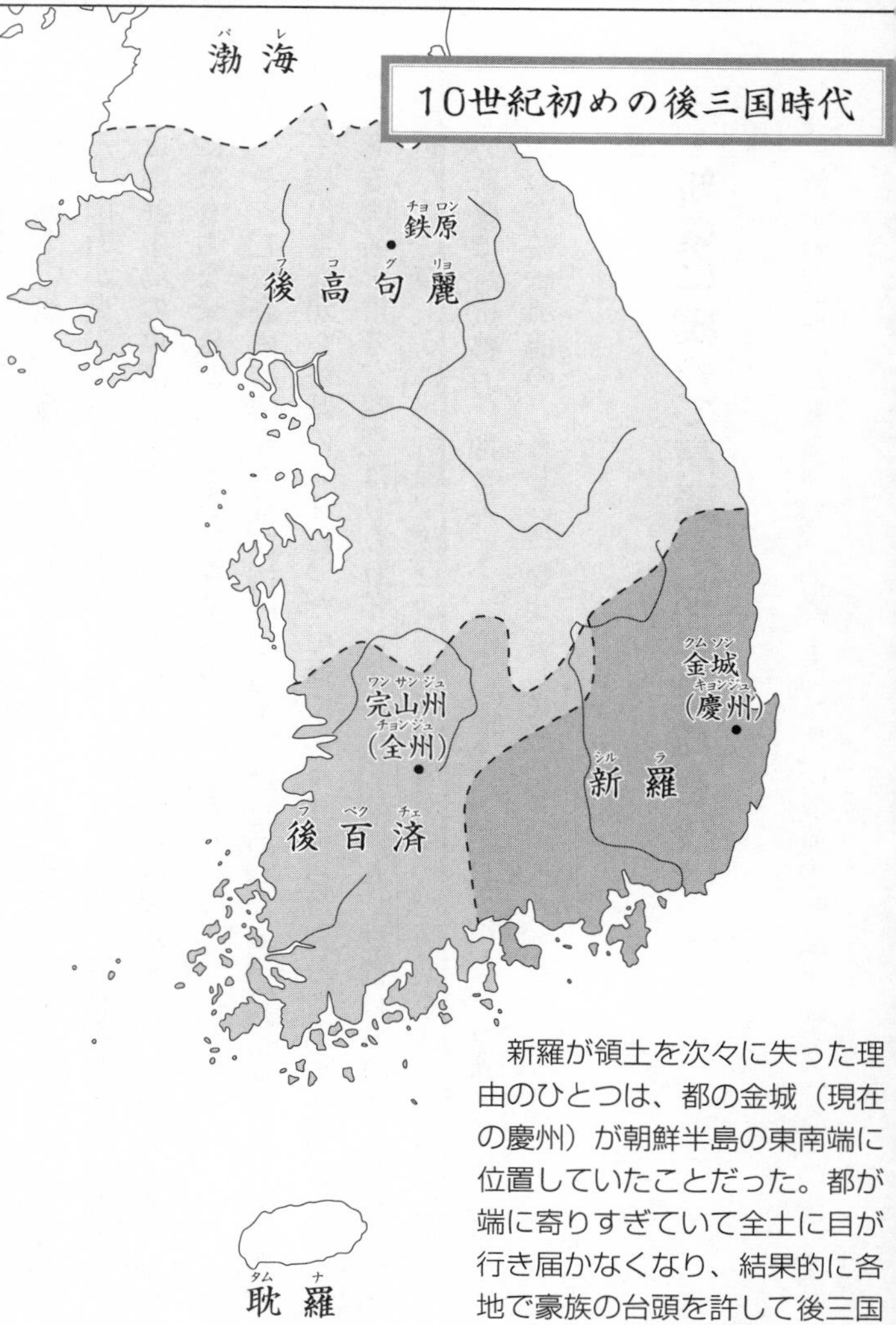

新羅が領土を次々に失った理由のひとつは、都の金城（現在の慶州）が朝鮮半島の東南端に位置していたことだった。都が端に寄りすぎていて全土に目が行き届かなくなり、結果的に各地で豪族の台頭を許して後三国時代になった。

新羅は徐々に領土が縮小し、10世紀の初めには朝鮮半島南東部の狭い地域しか統治できなかった。代わって、後百済（900年）と後高句麗（901年）が勢力を拡大し、朝鮮半島は後三国時代を形成した。

れた造形美術が隆盛をきわめた。

しかし、統一新羅の栄華は長く続かなかった。やがて貴族が腐敗し、国家財政が窮乏した。国力が衰退すると余計に弱みとなったのが、慶州の立地条件の悪さだった。この慶州は朝鮮半島の東南端にあり、全土を統治するのに限界があった。結局、慶州から遠い地方には有力な豪族が次々と台頭するようになった。

そうした豪族の中から飛び抜けて力をつけたのが、農民から身を興した甄萱《キョンフォン》と、新羅王族出身ながら盗賊の一味だった弓裔《クンイェ》である。彼らは自分たちの正統性を保つために由緒ある国名を借り、甄萱は900年に後百済《フペクチェ》を建国し、弓裔は901年に後高句麗《フコグリョ》を誕生させた。このように、新羅、後百済、後高句麗が争った時期を後三国時代と称している。

新羅は対抗勢力に押されて、ついに慶尚道《キョンサンド》地方だけという狭い地域に縮小。もはや王朝の存続は風前のともしびになってしまった。

新羅に続いて高麗が朝鮮半島を統一

新羅の衰退にともなって、朝鮮半島は再び混沌《こんとん》の時期を迎えた。この後三国時代にあって、新たに力を伸ばした人物が王建《ワンゴン》だった。

ひとかどの豪族だった王建は、弓裔の部下になってからも数々の戦功を立てて、後高句麗の領土を広げた。弓裔は大いに喜んだが、彼は後三国時代を統一するほどの器ではなかった。結局、王建は弓裔を追放して自ら新しい国をつくった。それが開城《ケソン》を都とする高麗《コリョ》だった。

この国号には王建の特別な思いが込められている。

「自分たちは高句麗の後継者なんだ！」

王建は高句麗を尊敬していて、自分がその魂を受け継ぐという意味で高句麗と似ている国号にしたのである。

ただし、新たな国を興したといっても、後三国時代の混乱は相変わらず続いていた。王建は新羅に友好的な態度で接して、その自尊心を尊重した。一方、後百済に対しては徹底的に武力で対抗する戦略を取った。

もはや挽回《ばんかい》が不可能と悟った新羅は、935年に自ら国を譲る形で高麗側についた。これによって、56人の王が統治した新羅は最後の敬順王《キョンスンワン》をもって王朝の歴史に幕を閉じた。

残るは後百済だけになったが、この国の内紛を利用して高麗は一気に攻め込み、936年に滅ぼした。こうして高麗は後三国時代の混乱を収拾して、新羅に続く統一国家をつくりあげた。

王建は何よりも、民族の大団結が重要だと考えた。そこで、契丹に滅ぼされて難民となった渤海の人たちも招き入れて、彼らを優遇した。

また、王建は、社会を混乱させる大きな要因は過酷な税の取り立てにあると考え、制度上で重税にならないように配慮した。人材の登用をはかるために、閉鎖的な秩序の改善にも努めた。

さらに、王朝の存続を願って子孫が絶対に守るべき10の掟《おきて》をつくった（「訓要十条」という）。それは、「仏教を重んじること」「長男が王位を継承すること」など、どれも具体的だった。この掟がよく守られた結果、高麗は典型的な仏教国家になった。仏教の隆盛は民心の安定にも寄与した。

ちなみに、朝鮮半島の国家のことを英語では「ＫＯＲＥＡ」と表記する。これは「コリョ」と発音する高麗が由来となっている。つまり、アラビアやヨーロッパの社会が朝鮮半島の国家として最初に認識したのが高麗だったということだ。

済州島はかつて独立国「耽羅」だった

朝鮮半島西南岸のはるか先に浮かぶ済州島《チェジュド》。古くから南海の孤島と思われてきたが、もともと済州島は耽羅《タムナ》という名の国だった。ここは有史以来、独自の文化をもって発展した。建国神話によると、穴から出てきた三人がこの耽羅の始祖ということになっている。その建国神話の内容を見てみると……。

かつて済州島には人が住んでいなかった。ある日、島の北部にある穴から三人の男が出てきた。彼らは神であり、名前を年上からいうと、良《ヤン》、高《コ》、夫《プ》であった。このときはまだ済州島に女はいなかった。

あるとき、島の東側の海岸に大きな木箱が流れついた。その木箱を開けてみると、三人の乙女が現れた。一緒に、子馬や五穀の種も入っている。三神人がびっくりしていると、乙女についてきた従者が言った。

「われらは碧浪国《へきろう》からやってきました。国王には三人の王女がいらっしゃる。国王は、海の西の地方に三人の神が生まれて国をつくったとお聞きになり、お祝いに三人の王女

済州市にある「三姓穴」。済州島の古代国家「耽羅」をつくったとされる三神人が地上に出てきたときの穴と称されている

を遣わされました。王女を妻にされて、国を大いに栄えさせてください」

従者はそう言って、雲に乗り東の国へ帰っていった。三神人は年齢順に王女を妻にして、子馬を育て、土地に五穀の種を播《ま》いた。そのおかげで国は豊かになった。この三神人がすべての島民の祖先である。

歴史的にみても、耽羅国の有力な氏族は「高」「良」「夫」であり、それは神話に出てくる神の名と一致している。やがて「高」一族が優勢となり、島の長は代々この一族が世襲で務めている。

また、神話に名がある碧浪国は、まるで日本をさしているかのようだ。神話を真《ま》に受ければ、済州島の祖先は穴から出てきた男と日本の乙女ということになる。それくらい、済州島と日本には因縁があるということだ。

実際、済州島には、いかだを浮かべて日本をめざす古代史研究家がいた。私はその人とソウルのあるパーティーで会ったことがあるが、彼は「いかだを浮かべて何もしないでいると、やがて長崎に着きましたよ」と笑って言っていた。

耽羅国は、日本の朝廷で早くから知られた存在だった。中国大陸に向かう船がしばしば済州島に流れ着いていたからだ。

661年には第4次遣唐使が済州島に漂着している。また、669年には耽羅国の王子が日本の朝廷から五穀の種を賜っている。こうしたことは「日本書紀」にもはっきりと記されている。

耽羅は独立国としての気構えをもっていた。百済や新羅に干渉されることはあっても、決して服従していない。しかし、高麗王朝の世になってからは事情が変わった。

高麗は軍事力をもって耽羅を支配下に置いた。島は「済州」という一地方を表す名に改められ、政治的に独立性を奪われた。

以後、朝鮮王朝時代には流刑地として使われ、政争に敗れた高位高官が数多く流されている。

高麗時代中期には崔氏一族による武断政治が続いた

せっかく高麗は新羅に次ぐ統一国家となったのだが、序盤の政権運営は危うかった。原因は、王建が積極的に行なった政略結婚にあった。

実は、王建は後三国時代を収拾する過程で各地の豪族を取り込むために、大胆な政略結婚を繰り返した。一説によると、王建には29人の妻がいたといわれる。この妻を送り出した豪族たちが王族として王位継承に介入し、2代王・恵宗《ヘジョン》と3代王・定宗《チョンジョン》は、それぞれ2年と4年の短い在位で終わっている。

結局、王権は豪族たちによって都合がいいように利用された。そういう困難の中で949年に即位した4代王・光宗《クァンジョン》は、外戚と豪族たちを牽制する制度を次々と実行した。

特に大きかったのは科挙の実施だった。優秀な人材を試験で選抜して高等官僚に就かせるというこの制度は、既得権にあぐらをかいていた建国時の功臣や豪族を排除するうえで効果的だった。

王権は徐々に安定していったが、次に高麗を悩ませたのが北方民族・契丹の侵攻だった。契丹は国号を「遼」としていたが、この遼は993年から何度も南下してきて、高麗政権

12世紀の高麗時代

高麗の外交は北進政策を基本にした。10世紀の建国当初は北方にいた契丹の南進政策に苦しめられ、12世紀にも女真の勢力に圧迫された。苦境を脱するためにも、高麗は北方に積極的に進出して少しずつ領土を拡大した。

後高句麗を倒して高麗が918年に建国されたが、高麗は後三国時代を終わらせて936年に朝鮮半島を統一した。その前の926年には渤海も契丹によって滅ぼされている。高麗は後の朝鮮王朝と比べると北端の領土を統治できていない。

を脅《おびや》かした。ときには和議にもちこみ、ときには反撃が功を奏し、高麗は遼の侵攻を水際で食い止めたが、遼にかぎらず北方からの異民族の侵攻は高麗にとってずっと頭痛の種だった。

国内に目を転じれば、科挙によって優遇された文官は徐々に貴族化していき、高麗は極端な門閥社会となっていった。こうなると、王室との婚姻によって政権を掌握しようと狙う門閥貴族も現れ、代表的な慶源《キョンウォン》李氏《イシ》の一族は、11世紀後半から80年間も政権を握り続けた。

こうした門閥貴族政治の中で、大いに不満をつのらせていたのが武官たちだった。彼らは軍事力をもっているにもかかわらず、地位や役職はいつも文官より低かった。加えて、文官は武官に対して蔑視的な態度を見せるのが普通で、武官の我慢にも限界があった。

１１７０年、鄭仲夫《チョンチュンブ》や李義方《イウィバン》を初めとする有力な武官たちはクーデターを起こし、次々と文官を殺し、18代王だった毅宗《ウィジョン》を追放して島流しにした。そして、自分たちの意のままになる明宗《ミョンジョン》を即位させた。明宗は第19代王として１１９７年まで在位したが、実権は完全に武官側にあった。

ただし、文官に代わって要職を占めた武官たちは私兵を増やし、いたずらに権力を競い合った。暗殺が横行し、政権内部は大混乱に陥った。こうした中で完全に政権を掌握したのが崔忠献《チェチュンホン》だった。彼は政敵を粛清して要職を一族で独占し、それを代々世襲させる制度に改めた。その結果、崔氏一族による武断政治は1258年まで続いた。

高麗政権は蒙古による支配に苦しんだ

王朝の初期に契丹の侵攻を受けた高麗は、その後も北方から女真族に攻められ、その防衛に苦しめられた。しかし、それはまだ序の口だった。中国大陸で蒙古が勢いを増し、彼らは何かと干渉してきた。1231年には、高麗が朝貢《ちょうこう》を拒んだことを理由に蒙古が大軍で攻めてきた。

高麗も必死に防戦したが、当時の蒙古は世界最強の軍事力を有しており、高麗が立ち向かえる相手ではなかった。卑屈なほどへりくだって高麗はなんとか講和を結んだが、以後も蒙古は朝貢を強要してきた。

1232年、高麗は都を開城から江華島《カンファド》に移し、来るべき蒙古の侵攻に備えた。この遷都は「蒙古は海戦が不得手」と読んだ結果だった。とにかく、なんとしてでも都と王朝だけは守りたかった。

海印寺に保管されている八万大蔵経

案の定、蒙古は怒濤《どとう》のように攻めてきて国土を蹂躙《じゅうりん》したが、崔氏一族が仕切る高麗政権は江華島から指令を出し、各地の将兵が瀬戸際で蒙古の攻撃に耐えた。

しかし、戦いが長期に及ぶと、民衆の不満は頂点に達した。

「自分たちは安全な島に逃げ込んで、俺たちに死ぬまで戦えというのか」

崔氏一族は批判の矢面に立った。結局、民心の離反によって崔氏政権は１２５８年に倒れた。

以後の政権も相変わらず混乱していたが、１２７０年、蒙古と内通していた文官たちによって武官政権が崩壊。都も久しぶりに開城に戻った。これは、高麗が完全に蒙古に屈伏したことを物語っていた。

１２７１年、蒙古は国号を「元」と改め、中国大陸の真の支配者になった。世界最大の帝国を築くという野望をもっている元は、高麗に対して徹底した服従を強いた。それでも高麗にはまだ骨がある一団がいた。それが武官たちが私兵として抱えていた三別抄《サムビョルチョ》だった。

「俺たちは蒙古の連中に絶対に屈しない！」

三別抄は元の言いなりになった高麗政権に反発し、拠点を次々と南に移しながら、元へのゲリラ攻撃を続けた。

ついに済州島まで南下した三別抄。最後まで反撃の気構えをもっていたが、1273年、元の大軍が済州島を攻め、三別抄も全滅した。しかし、彼らの反骨精神は民族の自尊心を守ったと今でも称賛されている。

三別抄が滅び、もはや高麗で元に歯向かう勢力はなかった。次に元がねらったのが日本だった。

1274年、元は九州を攻めた。高麗も強要されて先兵を務めていた。大軍を前にして日本も危うかったが、奇跡的に台風がやってきて、元は壊滅的な被害を受けた。日本は〝神風〟に救われたとされている。その6年後、元は再び九州を攻めたが、このときも台風によって上陸を阻まれ、元寇《げんこう》は完全な失敗に終わった。

さしもの元も、徐々に勢力が弱まっていった。14世紀に入ると、高麗は元の支配から徐々に脱し、奪われた北方の領土も回復させた。

社会生活に目を転じれば、高麗時代には仏教が隆盛をきわめた。これは初代王の王建が仏教を手厚く保護し、歴代王がそれをみならったからだ。

各地に寺院が建てられ、仏教文化も大きく花開いた。その遺産ともいうべき宝物が、今も海印寺《ヘインサ》に保管されている「八万大蔵経」である。これは、蒙古の侵攻を受けていた13世紀に作られた大蔵経の木版で、字体の美しさと精巧な造りは他に比類がないものだ。戦況が悪い中でこれほどの木版をつくれたことが、当時の仏教界の底力を示している。

ただし、仏教が政権によって優遇されすぎて、逆に弊害を生むこともあった。仏教寺院が広大な敷地を所有して利益をあげ、政治に関与しすぎて国政を乱した。腐敗した僧侶が民衆の反感を買うことも多かった。このことが、やがては仏教の衰退につながってしまうのだが……。

高麗が滅亡して朝鮮王朝が建国された

元の支配から脱したといっても、高麗は安泰とならなかった。南岸地方では倭寇《わこう》の被害が増大していたし、1359年には北方から紅巾の賊が侵入してきて一時は都を占拠する騒ぎになった。

このように、外敵から国土を防衛する戦いが激化する中で、新たに勢力を強めたのが新興の武将たちだった。その筆頭は李成桂《イソンゲ》である。

彼が史上に名高い起死回生の作戦を行なったのが1388年夏のことだった。

その当時、中国大陸で元に代わって統一国家を築いた明は、高麗に対して領土の割譲を通告してきた。政権内部では、明を支持する意見と北方に退却した元を支持する意見が激しく対立した。

最後には、元を支持する意見が通り、明を討伐する軍を出すことになった。李成桂は明を支持する立場だったが、皮肉にも、討伐軍の大将を命じられた。

それでも、李成桂は四つの理由を掲げて討伐軍を出すことに反対した。以下、その内容を見てみよう。

1. 小国が大国に歯向かうのはよくない
2. 夏は農業が忙しく、若者を徴兵できない
3. 北方に軍を出すと、南方の防衛が手薄になる
4. 蒸し暑く雨が多い季節には、武器がさびつき、伝染病が広がるおそれもある

こうした主張だったが、32代王の禑王《ウワン》は、李成桂の意見に耳を貸さず、軍の出発を強要した。李成桂はやむなく軍を率いて出発したが、鴨緑江《アムノッカン》の下流にある中州の威化島《ウィファド》まで来たところで、やはり雨によって行く手を阻まれてしまった。

ここに来て進退がきわまったと決断した李成桂は軍を引き返し、逆に開城を陥落させて政権を掌握した。

以後は傀儡《かいらい》を王位に就けて裏で王朝を操ったのち、1392年に李成桂はついに34代王・恭譲王《コンヤンワン》を追放し、今度は自ら朝鮮王朝の初代王になった。

こうして、918年に建国された高麗ははかなく滅亡し、時代は朝鮮王朝の統治へと移っていった。

古代韓国なるほどQ&A（2）

Q・三国時代の風習で今も残っているものがありますか。

A・現代韓国の最大の名節といえば、正月と秋夕《チュソク》です。特に秋夕は先祖の墓参りに行く日ということで、今の韓国でも三連休となり、民族大移動といわれるほど帰省客が増えます。

故郷に帰った人々はご馳走をつくって先祖を偲ぶ行事を行ない、その後はみんなで会食をしたり遊んだりします。

いわば、一族の結束を強める日でもあるのです。この秋夕の習慣は、実は新羅時代から受け継がれたものです。

新羅時代にも人々は8月15日（旧暦）に先祖を慕う行事を行なっていました。もし新羅が百済や高句麗のように三国時代に滅亡していれば、この風習が今も残ることがなかったでしょうが、新羅は三国を統一してその風習が朝鮮半島の各地に伝わりました。その影響もあり、本来は新羅の風習でしかなかった秋夕が、その後は長く朝鮮半島で守られてきたのです。

Q. **歴代王の中で女王がいるのは新羅だけだそうですが、なぜ新羅では女王が誕生したのでしょうか。**

A. 当時の朝鮮王朝時代は男尊女卑の考えを認める儒教社会でしたので、女王が誕生するような雰囲気はまったくありませんでした。

また、三国時代は王が自ら軍の先頭に立つことも多かったので、女性ではとうてい王が務められないと考えられていました。古代の王の場合、戦場でも率先垂範が求められたのです。

そうした中で新羅だけには3人の女王が出ています。新羅の王は全部で56人でしたから、その中の3人というと5％強の比率でした。高句麗や百済は0％ですから、新羅はやけに目立ちます。

このように女王が誕生したのは、新羅社会では女性たちの活動の場が広かったからです。貴族階級に限定されますが、当時は優秀な女性を選抜して徹底的にエリート教育を行なう風潮もありました。

このように女性の能力を生かす社会でもありましたので、王に息子がいないときは娘が自ら王になることもできたのです。

新羅27代王となった善徳女王の場合も、さしたる反対もなく自然に王位に就いています。このあたりは後の朝鮮王朝とはまったく違います。むしろ古代の新羅のほうに男尊女卑がなかったというのは、とても興味深いことです。

Q. **三国時代の各国は仏教をどのように受け入れたのですか。**

A. 一番最初に仏教を受け入れたのは高句麗です。372年のことです。その19年後に即位した広開土大王は仏教を広めることに熱心で、彼の功績によって高句麗で仏教が盛んになりました。

一方、百済に仏教が伝来したのは384年です。高句麗より12年遅れました。百済も高句麗に負けないくらい熱心に仏教を広め、552年には聖王が日本に仏教を伝えています。反対に、新羅では仏教を受け入れるのが遅れました。527年にようやく公認されましたが、高句麗や百済と比べると1世紀半ほどの時間差があります。

とはいえ、新羅には「東方の聖者」と呼ばれた元暁《ウォンヒョ》のような高僧が相次いで生まれ、一気に広まりました。

また、仏国寺《プルグッサ》のような巨刹《きょさつ》も建設されて仏教文化が花開きました。新羅の次に朝鮮半島を統一した高麗が典型的な仏教国家になったのも、新羅仏教の影響が大きいと思われます。

Q. **高麗時代の文化や生活はどのようなものでしたか。**

A. 現代の韓国と高麗時代がまったく違うのは、町中の仏教寺院の有無です。高麗王朝は始祖の王建の方針で仏教を手厚く保護しました。そのおかげで、町中に大きな寺がたくさんつくられ、荘厳な雰囲気をかもしだしていました。ところが、高麗を倒して朝鮮王朝を築いた李成桂《イソンゲ》は、仏教寺院が政治に介入しすぎることを警戒し、国教を仏教から儒教に変えました。その方針転換によって仏教が迫害されるようになり、仏教寺院は町中から追放され山中に移らざるを得ませんでした。今の韓国で市中に仏教寺院がほとんどないのはその名残です。

芸術面で「高麗文化の華」といえば、やはり青磁でしょう。中国の影響を受けて高麗青磁は始まりましたが、12世紀半ばには高麗独自の色合いと形が発達し、その優美さがもてはやされました。

特に貴族社会で愛された高麗青磁は、朝鮮半島を代表する美術品になり、その芸術性は今も多くの人を魅了しています。

食生活では、仏教が殺生を禁じていることもあって高麗の人々は肉食を控えていました。ただし、13世紀に蒙古《もうこ》の侵攻を受けたあとは肉食の習慣が残る地域もありました。この時期の朝鮮半島にはまだ唐辛子が伝わっておらず（伝来は16世紀末）、キムチは白くて辛くありませんでした。

結局、「肉を食べない、キムチが辛くない」という意味では、高麗時代の人たちが食べていた料理は現代韓国とは随分と違ったものであったことでしょう。

第3章

日韓の歴史は古代から連綿と続いていた

ミステリー小説より面白い「日本と朝鮮半島の古代史」

古代史は単なる過去の記録ではない。現代でも大きく動いている。〝乾き物〟ではなく〝生モノ〟でもあるのだ。とりわけ、古代の日本と朝鮮半島の関係は、新しい発見が続いて大きく見直されている。

特に注目したいのが韓国側の動きだ。1970年代以降、経済発展にともなって韓国で古代遺跡の発掘が活発になり、定説を覆すような新発見が相次いだ。中学や高校で習った歴史の記憶だけで日韓関係を語ると、現実と合わないことが出てきてしまうのだ。

たとえば、任那《みまな》日本府である。私が1970年代前半に東京にある高校の日本史で習ったことは、「4世紀から5世紀にかけて、日本は朝鮮半島南部に任那日本府をおいてその地域を支配した」ということだった。

任那日本府は「日本書紀」にその名が出てくるが、現在、私がかつて習ったような〝日本の常識〟は通用しなくなっている。近年の考古学研究によると、任那日本府はその存在自体が否定的に受け止められているのである。

しかし、古代の朝鮮半島南部に領土をもった伽耶《カヤ》が、日本と深い交流を続けていたことは間違いない。その地域の遺跡から発掘されたものが、西日本で出土するものとあまりに類似点が多いからである。

私自身がそのことを強く認識したのは、1992年夏に東京国立博物館で伽耶文化展が開かれたときだった。

この展示会には「よみがえる古代王国」という副題がついていたが、まさに私にとって、歴史がよみがえるような感慨《かんがい》を覚えた。

実際、そこで展示されていた銅器、杯、武具、農具などは、日本の遺跡から出土した物と似ているケースが多かった。そこからうかがえるのは、朝鮮半島南部と西日本との緊密な関係だ。現代人からは想像もできないような頻度で、古代人は両地域の間を頻繁に往来したのではないか。

海があるとはいえ、飛び石のような島があり、波が穏やかな日がとても多い。日本から特産品をもって朝鮮半島に出掛ける人がいれば、鉄の技術を伝える人が朝鮮半島から九州北部にやってくる。目を閉じれば、玄界灘《げんかいなだ》を行き交う舟の賑やかさが思い浮かぶかのようだ。

国家観という政治的視点を交えて古代を見ると、狭い想像力しか生まれない。発想がときに飛躍するかもしれないが、玄界灘を内海のようにして日本列島と朝鮮半島の人たちが生活物資を融通しあったと考えれば、そこに共通する生活圏を見いだせる。

束縛するものはなにもない。

パスポートやビザが必要なわけでもない。

波のおだやかな日を選んで旅立てば、目的地にほしいものがあるのだ。そこから活発な交流が生まれる。ちょうど、見たいと思ったドラマを見ることが韓流のブームにつながったように……。

人間は欲求に応じて行動する、という原則に立てば、古代の日本と朝鮮半島の関係をもっと自由に考えられるだろう。その端緒になったのが、私にとっては1992年の伽耶文化展であり、そこで古代に対する新しい視点を教わった。

その流れからいくと、今まさに注目しているのが、百済の都であった扶余《プヨ》の王興寺《ワンフンサ》である。

この寺は今は跡地しかないが、2000年以降に発掘が進み、2007年には舎利《しゃり》容器が出土した（舎利とは遺骨のことで、特に仏陀《ぶっだ》の遺骨をさす）。

その舎利容器に書かれている文字から、577年に王興寺が創建されたことがわかった。この577年という年が重要である。

なぜなら、日本書紀によると、577年に百済から日本に寺院造営の技術者が派遣されているからだ。それが飛鳥《あすか》寺の創建につながったと推定されている。

飛鳥寺は日本最古の仏教寺院といわれているが、かつては、平壌にある寺を模範に伽藍《がらん》様式が決定されたと思われていた。それだけ高句麗出身の僧侶の影響が強いと見なされていたわけだ。

しかし、王興寺の発掘が進んだ結果、飛鳥寺と王興寺の伽藍様式が共通していることと出土品も似ていることがわかってきた。

つまり、王興寺の往時の様子がよみがえってくると、日本の仏教寺院の始まりもわかってくるのである。日本の古代史研究者がこぞって王興寺の発掘現場に出向いているのも、その重要性をしっかり認識しているからなのだ。

新事実によって覆る歴史の定説――今後の展開にもワクワクさせられる。

三国時代の各国には日本と手を結ぶ事情があった

6世紀から7世紀にかけて、朝鮮半島では高句麗、新羅、百済が激しく覇権を争う三国時代が続いた。

この激動の時代の各国の戦略は、「同盟国をつくって敵対勢力を孤立させる」ことだった。高句麗と百済はわりと同盟関係を結ぶことが多く、その際には新羅が孤立した。その苦境を打開しようとして、新羅は中国に盛んに協力を要請している。最後はその戦略が功を奏して新羅が朝鮮半島を統一することになるのだが、その過程では、高句麗も百済もそれぞれが日本に目を向けていた。

日本の軍事力を引き込むことができれば、力をつけてきた新羅を背後から牽制《けんせい》することになり、その効果ははかりしれなかった。そこで、6世紀以降に高句麗と百済は日本に使節や技術者を送って交流を深めていた。

そういう事情もあって、日本列島の各地に古代の高句麗や百済の影響が残っているのである。

もうひとつ見逃せない要因もあった。それは、660年に百済、668年に高句麗が相次いで滅亡したということだ。

当時は、滅んだ国の遺民は大量の捕虜《ほりょ》として戦勝国に連行されるのが常だった。百済と高句麗も王族や一般庶民が唐に連れていかれた。しかし、運よくそれを逃れた人たちの一部は日本をめざした。

今まで身につけた技術を日本で生かせるかもしれない。あるいは、母国での官職を認めてもらって優遇されるかもしれない。日本は新天地として魅力的な土地だった。そうした事情があって、7世紀後半にも多くの人たちが朝鮮半島から日本に移り住んでいる。また、「日本は暖かくて住みやすい」という評判を聞きつけて、新羅から海を渡ってくる人たちもいた。

こうして、日本の中でも高句麗、百済、新羅の各出身者が増えていった。その結果、日本の各地に朝鮮半島の影響が及んだ。

特に、高句麗と百済の人たちの足跡が日本によく残っている。その代表的なものを紹介していこう。

高句麗の僧侶が次々と日本にやってきた

高句麗は、領土拡張だけに執着する野心的な国家ではなく、民心の安定をはかるために仏教や儒教を深く受容した文化国家でもあった。この高句麗が仏教の僧侶を日本に派遣し始めたのは、6世紀後半からだった。

その中で、よく知られているのが慧慈《えじ》である。

慧慈は５９５年に来日した。聖徳太子は彼の見識と人間性に敬服し、師と仰いだ。

さらに、聖徳太子は慧慈の支援を受けて仏教教典の研究会を創設し、仏教教典の注釈書作成を推進した。この作業には他の渡来系の僧侶も関わっていたが、聖徳太子に最も信頼されていたのは慧慈だった。

日本に20年間いて、慧慈は６１５年に高句麗に帰国した。以後も、聖徳太子のことを決して忘れなかった。

６２２年に聖徳太子が亡くなったと聞いたとき、慧慈は天を仰いで慟哭《どうこく》した。そして、聖徳太子の供養を自ら行なった。

「来年の太子の命日に私も往生する。太子に浄土でお会いしてから、ともに衆生を救いたい」

そう言い切った慧慈は、予言どおりに翌年の聖徳太子の命日に亡くなった。

「聖徳太子とこんなにも心を通わせた僧侶が高句麗にいたんだなあ」

そう思うと、高句麗という国がより一層身近に感じられる。

その高句麗から来た僧侶といえば、610年に来日した曇徴《どんちょう》と法定《ほうじょう》も有名だ。

当時、高句麗は隋《ずい》の侵攻を執拗《しつよう》に受け、国全体に危機感が強かった。そういう状況の中で、日本の支援がどの程度受けられるのかを模索することも、二人が来日した目的のひとつだったと推定されている。

曇徴と法定は聖徳太子と盛んに交流したが、特に曇徴は五経(儒教の経典で詩経、書経、易経、春秋、礼記をさす)についての学識が高く、その中身を日本に詳しく伝えた。また、朝廷の技術者たちは曇徴たちから優れた製紙方法や墨の作り方を教わった。これが日本で写経を行なうきっかけになったといわれている。さらに、高句麗が得意とする彩色技術も、仏像の塗装や飛鳥美術の発展に貢献した。

このように、高句麗のもつ技術や文化が日本に確実に伝わっていったことは、現在でも古墳の遺物を通して知ることができる。

特に注目したいのが、奈良県の高松塚古墳とキトラ古墳の石室内の壁画だ。そこに四神が描かれているが、図柄の技法は高句麗からの伝来を思わせる(他に、百済の影響を指摘する見解もある)。

四神は、東西南北の守り神となる象徴的な動物を表したもので、東に青龍、西に白虎、南に朱雀、北に玄武（ヘビがからまった亀）が置かれている。

もともと、古代中国では王墓の東西南北に守護神として四神を祀る風習があり、高句麗も濃厚にこれを受け継いだ。さらに海を越えて日本にも伝わったというわけだ。

7世紀後半につくられたと推定されるキトラ古墳の中央には石室があり、その壁面には青龍、白虎、朱雀、玄武が東西南北に描かれている。今、日本で発見された古墳の中で壁画に四神がすべて残っているのはキトラ古墳だけだ。

また、高松塚古墳は7世紀末から8世紀初めにかけてつくられたと思われるが、石室には青龍、白虎、玄武が描かれているものの、本来あるはずの南壁の朱雀が抜けている。ただし、南壁には盗掘の痕跡《こんせき》が見られ、人為的に消失したものと推定される。

かつて飛鳥地方には天皇の宮都がいくつも置かれ、皇族や豪族たちが多数居住していた。そうした特権階級が埋葬された古墳の中には、四神を描いた壁画がかならずあるはずだ。今はまだ、四神の存在が認められるのは高松塚古墳とキトラ古墳だけだが、近い将来にさらなる大きな発見があるかもしれない。

日本と高句麗の関係は想像以上に深いものがあったと推定されており、これから解明されることも多いだろう。

ところで、高句麗は日本で古代から「高麗」と称されていて、発音は「こま」だった。

漢字を見るかぎり、936年に朝鮮半島を統一した高麗王朝と混同してしまうが、日本で「高麗」といえば、古代から高句麗のことをさすのが一般的だった。

そして、中世以降、「こま」に当てる漢字がかなり変化した。たとえば、「駒」「狛」「巨摩」などである。特に象徴的なのが「駒」だ。高句麗は騎馬民族の国家であり、馬の扱いに慣れていた。日本で馬のことを「駒」とも呼ぶが、そこに高句麗との関係がうかがえそうなのだが……。

「若光」を知れば渡来人の動向が見えてくる

神奈川県の大磯には標高167メートルの高麗山《こまやま》がある。そのふもとに社を構えるのが高来《たかく》神社だ。JR大磯駅からは、東側に2キロほど行ったところにある。

この高来神社はもともと高麗寺と呼ばれていた。鎌倉時代には源頼朝の政子夫人が安産の祈願をしたという言い伝えがある。江戸時代には徳川幕府に守護され、相模《さがみ》の大寺として多くの信徒を集めていた。

ただし、明治時代に入ると、高麗寺としての存続が難しくなった。明治政府が王政復古と祭政一致を推進するために神仏分離政策を行なったためだ。つまり、神社を格上げして仏教寺院を冷遇したのだ。その過程で、各地の仏堂や仏像が壊された。高麗寺も存続のために高麗神社に変わった。それからさらに、当てる漢字を変えて〝高来神社〟にして今に至っている。

しかし、いくら名称が変わろうとも、ここが高句麗から来た渡来人を権現様に祀っていることに変わりはない。本殿の横にある案内板には、次のように「高来神社（高麗寺）の由来」が書かれている。

「応神天皇の御代に邪険な母国を逃れた権現様が唐船（権現、明神丸）で大磯に渡来されて、この地を開発されました（これは続日本紀の霊亀《れいき》二年に武蔵国高麗郡の開発に郡令として向かわれた若光がモチーフと考えられます）」

つまり、「母国を逃れた権現様」が「若光《じゃっこう》」というわけだ。この人物は一体何者なのだろうか。

実は、若光は高句麗の王族の一人で、666年に日本にやってきた。当時、高句麗は新羅・唐の連合軍に激しく攻められて苦境にあった。

「ぜひ日本から援軍を送ってもらおう」

その使命を帯びて来日したのが若光だった。

大磯にある高来神社はかつて高麗寺と呼ばれた

しかし、朝廷は動かなかった。６６０年に百済が滅亡したあと、６６３年に百済復興軍に援軍を派遣して新羅・唐の連合軍に大敗を喫していたからだ。

「今度は新羅・唐の連合軍が日本に攻めてくる」

そんな噂《うわさ》がかけめぐり、朝廷内は極度に緊張していた。高句麗に援軍を送る余裕などまったくなかった。

高句麗は６６８年に滅亡した。若光にすれば故国が地上から消え、日本に留まるしか道がなくなった。

幸いに、彼は能力と統率力に長けていた。若光は朝廷内で認められ、７０３年に従五位下の官位を受け、「王《こしき》」の姓《かばね》を授かった。この姓は外国の王族出身者に与えられるものだ。

その後、若光は東国の新田開発を命じられた。彼は高句麗の同胞たちを統率して、船で東国にやってきて大磯に上陸した。それを機に、高句麗系の渡来人たちが大磯から伊豆、箱根、相模に移っていったことは間違いない。

若光自身は大磯に住んでいたようだが、716年、武蔵国に高麗郡が新設されることになり、若光は初代郡長として現地に赴いた。そのあたりの事情を「大磯町史」(編集発行は大磯町)は次のように書いている。

「若光が後代に神と崇《あが》められるほど、渡来した高句麗人の拠《よ》り所となる人物であったこと、彼を慕う高句麗人が相模国では多く大磯の地に居住していたこと、その一部が武蔵国高麗郡に移り住んだこと、などは史実と見なしてよいであろう」

実際、若光が大磯で住んだのは、高来神社の南側にある化粧坂のあたりだったと推定される。今も住所が「高麗」となっていて、往時の高句麗との関係を連想させる。

化粧坂の南側1キロの地名は唐ケ原で、花水川の河口には相模湾の海岸が広がっている。そのあたりに若光が上陸したのではないかといわれている。

毎年7月中旬に行なわれる高来神社の「御船祭」では、山車船の権現丸(現在の船は明神丸)の由来書が若光について触れている。その記述によると、若光は上陸の際にこんな口上を言ったという。

「我は日本の者にあらん、もろこしの高麗国の守護なるが、邪慳《じゃけん》な国を逃れ来て……」

いくらなんでも、若光が母国を「邪慳な国」と言わないと思うが、こうした口上が大磯に残っているのは、この地に高句麗系渡来人が多かったからだろう。

唐ケ原の海岸は、その昔「もろこしが原」と呼ばれていて、撫子《なでしこ》の花で有名だった。次のように伝承されている物語もある。

ここに住んでいた高句麗人の娘はかつて父と一緒に日本にやってきた。しかし、母は故郷に残っている。そのことが悲しくなり、ある日、娘は花水川に身を投げてしまった。父は必死に娘を探してここまで来ると、風に揺れながら撫子の花が一輪咲いていた。

娘はなぜ死ななければならなかったのか。この地に来た渡来人の苦労を暗示しているのだろうか……。

ただ、渡来人も数のうえでは、それほど寂しい存在ではなかった。神奈川県に渡来系の神を祀った神社がとても多いことが、それを物語っている。

「大磯町史」の記述によると、大磯町の高来神社の他に、平塚市の駒形神社、鎌倉市の駒形神社、横須賀市の白髭《しらひげ》神社、三浦市の白髭神社、秦野《はたの》市の加羅古《からこ》神社、伊勢原市の白髭神社、小田原市の白髭神社、箱根町の三つの駒形神社などが渡来系の神社に該当するそうだ。

関東一円の高句麗人を集めて高麗郡が誕生した

7世紀後半、朝廷は畿内から東国に渡来人たちを移住させる政策を積極的に行なっている。たとえば、684年から690年までには次のような状況だった（数字は「日高市史」〈埼玉県日高市発行〉に掲載された資料による）。

・684年　百済人23人を武蔵に移した
・687年　高句麗人56人を常陸に移した
　同　　新羅人14人を下野《しもつけ》に移した
　同　　新羅人22人を武蔵に移した

埼玉県の聖天院にある高麗王廟は、高句麗王族だった若光の墓と伝えられている

若光を祀った高麗神社では代々、若光の子孫が宮司を務めていた

・689年　新羅人を下野へ移した（人数は不明）
・690年　新羅人12人を武蔵に移した
　　同　　新羅人若干を下野に移した

こうした動きで最も大規模だったのは、716年に実施された高句麗人の移住だ。「続日本紀」の霊亀二年（716年）の五月の条に、次のような記述がある。

「駿河《するが》、甲斐《かい》、相模、上総《かずさ》、下総《しもうさ》、常陸、下野七国の高麗人千七百九十九人を以て武蔵国に遷し、始めて高麗郡を置く」

言葉のとおりに解釈すると、駿河（静岡）、甲斐（山梨）、相模（神奈川）、上総（千葉）、下総（千葉）、常陸（茨城）、下野（栃木）に住んでいた高句麗出身の1799人を武蔵国の高麗郡に移住させたということだ。

716年といえば、高句麗が滅亡してから48年後である。おそらく、この1799人の多くは、高句麗が滅んだことで難民となって命からがら日本にやってきた人たちとその子孫だろう。

日本に来た当時、そこにはすでに先住の渡来人がかなりいた。たとえば、高句麗より先に滅んだ百済の遺民たちである。その人たちは主に畿内に住んでいた。結果的に、新参の高句麗人は、まだ未開に近かった東国に分散して住んだ。

当時、朝廷は新田開発を目的に各地に郡を新設していた（この場合の「郡」とは、「国」の次に位置する広い地域をさしている）。

その政策に合致するかのように、東国に散らばって居住していた高麗人を1カ所に集めて「郡」を構成させようという嘆願《たんがん》が朝廷に寄せられた。当時の朝廷には高句麗系の渡来人で貴族まで出世した人が何人もいて、この人たちが中心的な役割を果たしたものと思われる。

ただし、この移住は強制力のあるものなので、すでに東国の各地で生活基盤をつくっている人たちからは不満の声が起こった。そうした問題を解決するためには格上で人望があるリーダーが必要だった。

そこで、すでに相模国の大磯に住んで東国の事情にも詳しい若光が、初代の高麗郡長に選ばれたのであろう。

この若光が日本に来たのは666年だ。716年というと、すでに50年が経過している。当時としては相当な高齢であったと思われるが、若光は各地から集まってきた高句麗人を統率し、高麗郡発展の礎を築いたという。

その若光の菩提寺《ぼだいじ》として751年に建てられたのが、現在も埼玉県日高市にある聖天《しょうでん》院《いん》だ。江戸時代には高麗郡の本寺として世に知られた。なにしろ、院主の格式は諸公に準ずるといわれるほど丁重な扱いを受けたのである。

この聖天院には、若光の墓と伝えられる「高麗王廟」がある。それは、高さ2・3メートルの石塔で砂岩を5個重ねて構成されている。〝王廟〟と尊称するには規模が小さすぎる気がするが、1300年近くも前に武蔵国の一隅で亡くなった人の墓が今も残っているというのは、並大抵のことではない。若光がよほどの人望を集めていたと考えてもいいだろう。

また、聖天院から徒歩5分ほどの距離にある高麗神社は、若光その人を祀《まつ》る神社だ。しかも、若光の子孫が代々の宮司を務めていることにただ驚く。これほど長きにわたって血の継承があるというのも希有《けう》なことだろう。

聖天院と高麗神社はJR高麗川駅（八高線と川越線が通っている）から西に2キロメートルほどの距離にある。西武池袋線高麗駅からなら東北3キロメートルほどに位置している。

休日の一日、高麗川に沿って武蔵丘陵をゆっくり散歩しながら聖天院と高麗神社を訪ねれば、古代高句麗人の時空を超えたロマンに思いを馳《は》せることができるかもしれない。歴史好きなら絶好の史跡めぐりになるはずだ。

ところで、かつての高麗郡はどれほど広かったのか。現在でいえば、埼玉県の日高市と鶴ヶ島市の全域、および、飯能《はんのう》市、入間《いるま》市、狭山《さやま》市、川越市の一部が含まれていた。これほど広かったのに、1896年に入間郡と合併されて、高麗郡という名はなくなった。それでも、高麗村と高麗川村が存続していたのだが、1955年に両村が合併して日高町になった。さらに1991年に日高市に移行して今に至っている。

日本に百済最後の王の息子がいた！

日本では「百済」を「くだら」と呼ぶ。この音は「クンナラ」から変化したのではないかという説がある。朝鮮半島の言語によると、「クン」は「大きい」で「ナラ」は「国」。つまり、「クンナラ」は「大きい国」という意味だ。百済から日本にやってきた人たちが、「どこから来た?」と聞かれて「クンナラ」と答えたのが、そのまま百済の日本語読みになったというわけか。確かに、「クンナラ」を早口で言われると、「くだら」と聞こえてくる。

この百済が日本に仏教を最初に伝えた。百済の聖王《ソンワン》（日本では聖明王と呼ばれる）は552年、欽明《きんめい》天皇に釈迦仏の金銅像と経論を贈った（その時期は538年だったという説もある）。

以後も、百済は何かと日本の気を引こうとしている。それは、新羅を背後から牽制するためにも日本の協力を得たいと考えていたからだ。

その際に、百済と日本の橋渡しをしていたのが蘇我《そが》氏だといわれている。飛鳥時代の前半に最大勢力を誇った一族だ。仏教の受容にとても熱心で、反対派の物部《もののべ》氏と対立。結局、蘇我氏が物部氏を駆逐し、蘇我氏の馬子《うまこ》が政権を手中にした。

以後は、蝦夷《えみし》、入鹿《いるか》と代が引き継がれ、蘇我氏の統治は続いた。

彼らの基盤を支えたのが渡来人の存在だった。政治制度の確立から土木技術の活用まで、渡来人は土地と住民を統治する技術をもっていた。

また、百済との外交関係に積極的だったことから、蘇我氏そのものが百済の出身ではないかという説もある。

7世紀前半、蝦夷と入鹿の親子は絶大な権力を誇示したが、645年に中大兄皇子《なかのおおえのおうじ》（後の天智天皇）が大化の改新を行なって親子は滅ぼされた。

ただ、蘇我氏は没落しても、朝廷内の百済派はまだ大勢残っていた。その人たちが、本家の存亡をかけて、やがてひと肌脱ぐときがやってくる。以下、その話を記そう。

660年、百済は新羅・唐の連合軍に滅ぼされた。

しかし、百済の旧領地では各地でゲリラ戦が起きた。百済の復興を願う人たちが蜂起したのである。その戦いの中心人物になったのが鬼室福信《キシルポクシン》だった。

彼は百済最後の王となった義慈王《ウィジャワン》のいとこだった。とはいえ、ひ弱な王族ではなかった。軍事戦略に優れ、失った領地を少しずつ取り戻していった。そうした戦いの最中に、福信は日本に目を向けた。なぜなら、当時の日本には義慈王の息子がいたからだ。

名を豊璋《ほうしょう》といった（朝鮮半島では豊《プン》と呼ばれた）。福信は日本に使者を派遣して、豊璋を帰国させてくれるように依頼した。

福信が豊璋にこだわるのには理由があった。百済が滅亡したとき、義慈王とその王子たちは唐に連行されてしまい、百済には国の復興の象徴となれる王家直系の子孫がいなかったのだ。

もとはといえば、豊璋が弟の勇と一緒に日本に来たのは631年だった。その当時、熾烈な三国時代を生き抜くために百済は、日本との関係強化に努めていて、その意思を明確にする目的で豊璋と勇を日本に居住させていた。いわば、裏切らないことを保証するための「人質」だった。

とはいえ、無能な人質ではない。その頃の日本には高句麗や新羅も関心を寄せていて、使節を派遣してきていた。そうした実情を偵察するのも豊璋や勇が日本にいる理由のひとつになっていた。

しかし、国が滅んでしまっては何にもならない。福信の要請に応じて、朝廷は豊璋の帰国を許可した。しかも、5000人の兵を一緒に付けた。破格の扱いである。それほど、当時の朝廷では百済系の人たちが一大勢力をもっていたのである。

豊璋は帰国し、福信の陣営に加わった。そのとき、福信は権力のすべてを豊璋に譲った。662年5月、豊璋は即位式を行ない、百済の暫定《ざんてい》的な王に就いた。まがりなりにも義慈王の息子である。百済王が直系に引き継がれ、復興軍の士気はいやがおうでも上がった。怒濤《どとう》の反撃が功を奏し、復興軍は新羅・唐の連合軍に占拠されている都に迫った。果たして、百済の復興は成就するのかどうか。

滅亡した百済王家の血は日本に引き継がれた

百済復興の好機を迎えたとき、とんでもないことが起こった。なんと、復興軍が内紛状態となったのだ。すべての元凶は豊璋と福信の不和だった。

二人は何から何まで違いすぎた。

福信は勝気な性格が武将にピッタリで、軍事的な才能も抜きんでていた。

豊璋は頭がとてもよかったが、軍事には無知だった。しかも、幼い頃に日本に行き、そこで30年近くも住んだので、故国の事情にうとかった。

それなのに、豊璋は王としての威厳を示すために、軍事にも介入した。だが、彼が指揮した作戦は失敗続きで、復興軍の間で信頼を失った。

反目しあう福信と豊璋。内紛は深刻になる一方だったが、その中で福信が復興軍の名参謀だった道琛《トシム》法師を殺害するという事件が起きた。

なぜ、福信は無謀にも有能な道琛法師を殺したのか。

実は、豊璋にそそのかされた道琛法師が福信を排斥しようとしたことが理由だったと言われている。

福信が次の標的にしたのが豊璋だった。彼は病いだと称して部屋で休み、豊璋をおびきよせて殺そうとした。それを見抜いた豊璋は部下を率い、機先を制して福信を襲って殺害した。

これによって、豊璋は復興軍のすべての権力を握った。彼が軍事的に有能であれば問題はなかったのだが、そうではなかったことが復興軍を混乱させた。福信が抜けた穴はあまりに大きかった。

豊璋は日本の朝廷にさらなる支援を願い出て、2万7000の兵と船400隻の援軍を確保した。戦力の増強に気をよくした豊璋は663年、錦江《クムガン》（日本では白村江《はくそんこう》と呼ばれる）で新羅・唐の連合軍に攻撃を仕掛けた。日本でもよく知られる「白村江《はくすきのえ》の戦い」である。

百済復興の成否が決まる重要な決戦だったが、日本の水軍は大敗を喫し、命を惜しんだ豊璋はすぐに逃亡した。これによって復興軍は壊滅状態となった。

その後の豊璋は高句麗に潜んだが、668年に高句麗が滅んだときに唐の軍隊によって連行されていったという。その後の足取りは不明だ。

こうして百済の復興はかなわず、義慈王の直系も故国にいなくなった。しかし、日本にはまだ義慈王の息子がいた。それが勇である。

兄の豊璋が百済再興の夢をもって旅立ったとき、勇は一体どのような行動を取ったのか。兄に同行したのかどうかはわかっていない。朝鮮半島の歴史に勇が出てこないところを見ると、勇はそのまま日本に残った公算が強い。

「おまえは日本に残れ。そうすれば、俺が向こうで死んでも百済王家の血は日本で生き続ける」

豊璋がそう言ったとしても不思議はない。

確かなのは、664年に勇が大阪に住んでいたということだ。そして、彼の子孫は代々、有力者であり続けた。実際、勇の曾孫の敬福は、東大寺が建立されるときに東北で産出した金を献上して河内守《かわちのかみ》に任命された。

さらに、今の大阪府枚方《ひらかた》市のあたりに広大な土地を受領したので、敬福は750年頃に先祖を祀る寺を建立した。それが百済寺だった。南門、中門、回廊、金堂、東塔、西塔を有する壮大な寺院だった。

敬福はここに歴代百済王の位牌《いはい》を祀って、先祖を偲《しの》んだ。百済寺は約400年間続いたというから、平安時代の末期まで日本で百済の王を祀る儀式が続いたことになる。

しかし、何度も火災にあって百済寺は廃れ、今は建物の礎石しか残っていない。ただし、百済寺跡の横に百済王神社があり、敬福の足跡を今に伝えている。

百済の歴代王を祀った百済寺の跡地

一方、豊璋の血族だけが日本に残ったわけではなかった。彼に殺された福信もまた、その血を日本に残している。

実は、福信が死んだあと、息子の鬼室集《キシルチプ》斯《サ》は日本に逃れてきた。彼もまた王族の一員であり、朝廷は集斯に高い位階を与えて、学識頭に任命した。この官職は、教育を司る長官に該当する。これほどの重職を拝命するほどだから、集斯の学識はどれほど抜きんでていたことか。

彼は職責を果たし、近江の小野で隠居した。当時の近江には百済系の渡来人が多く、集斯はその指導的役割を果たしたことだろう。６８８年に世を去り、小野で埋葬された。その墓の場所に今は鬼室神社が建っている。

本殿の裏に高さ１メートルほどの石祠《せきし》があり、その中に集斯の墓碑が納められている。没してなお１３００年以上も集斯を偲ぶ墓碑があるというのは、なんという名誉なことだろうか。

鬼室集斯を祀った鬼室神社には彼の墓碑を納めた石祠がある

百済寺跡と鬼室神社は、直線距離にして約60キロメートル。気軽に往来できる距離ではないが、霊魂であればひとっ飛びであろう。

福信と豊璋。百済復興をめざした二人は哀れな最期を迎えたが、彼らの血を受け継ぐ者が日本で富を得たり重責を担ったりした。それだけ、滅亡した百済にとって日本は新天地だったということなのだろう。

京都の発展を支えたのが渡来人の一族だった

朝鮮半島からやってきた渡来人の中で、最も有力な氏族を形成したのが漢《あや》氏と秦《はた》氏である。その一族は4世紀から5世紀にかけて日本に来たと推定されている。ともに始祖の出身地を中国としていたが、その実態は、朝鮮半島に土着していた集団であると思われる。

京都・太秦にある広隆寺は渡来人の秦河勝が建立した

漢氏は多くが大和に住み、一大勢力を築いた。その末裔《まつえい》からは、征夷大将軍として有名な坂上田村麻呂《さかのうえのたむらまろ》も出ている。

一方、日本にまだなかった養蚕機織《ようさんはたおり》や農業灌漑《かんがい》の技術をもっていた秦氏は、開拓地として京都に目をつけた。川が各方向から流れ込む地形が気に入ったのかもしれない。

当初、京都は原野だったが、秦氏は川に堰《せき》を作った。水を分散させて広い地域に供給するためだった。そういう灌漑技術を使って、秦氏はまず、現在の太秦《うずまさ》から嵯峨野《さがの》にかけての一帯を農業用地に変えていった。そして、土地に実りが多くなるほど、秦氏の財力は豊かになった。

一族の中で最大の有力者になったのが秦《はたの》河勝《かわかつ》だった。彼は嵯峨野に居を構え、大和にいた聖徳太子を援助した。

さらには、聖徳太子のために太秦に広隆寺を建てた。それは603年のことで、本尊が有名な弥勒菩薩半跏思惟像《みろくぼさつはんかしいぞう》だ。

秦氏の財力はケタ違いだったのだろう。京都を基盤とするこの一族の繁栄が続き、それを当てにしたのが桓武天皇だった。平城京から長岡京、平安京へと遷都を行なうが、京都を選んだのは、秦氏の協力を得られることも理由のひとつだった。

こうした秦氏の足跡を今もたどることができる。映画撮影所で有名な太秦には〝秦〟の文字が入っている。また、広隆寺から徒歩で10分ほどの場所にある蛇塚《へびづか》古墳は、7世紀頃の築造で京都府最大の石室をもっているが、この古墳も秦氏一族の墓ではないかといわれている。

私は京都では嵯峨野が一番好きで、嵐山の手前にある渡月橋をよく渡る。この橋の上流は保津《ほづ》川と呼び、下流は大堰《おおい》川（別名・桂川）という。

川には、随所に堰がある。こうした堰は、秦氏が嵯峨野を開拓したときの名残だと推定される。

794年から1869年まで日本の都であり続けた京都。この地の発展に秦氏が果たした役割は大きい。

古代韓国なるほどQ&A（3）

Q・百済から日本に仏教が伝えられた年について538年説と552年説の二つがありますが、どうして違うのですか。

A・百済の26代王・聖王（日本では聖明王と呼ぶ）が日本に仏教を伝えたとされていますが、538年説は、日本最初の仏教寺院といわれる飛鳥寺の縁起や聖徳太子の伝記などが根拠になっています。また、552年説は「日本書紀」にそう書かれてあるからです。

かつては538年説のほうが有力でしたが、韓国側で百済時代の発掘が進むにつれて「日本書紀」の記述の信憑性《しんぴょうせい》が高まり、今では552年説のほうが支持されるようになってきました。ちなみに、韓国の歴史書「三国史記」で聖王の項目を見ると、532年の両年とも「日本に仏教を伝えた」という記述は出てきません。ただし、538年に都を扶余に移したという記述があります。遷都というのはとても大がかりなことですから、そんな年に日本に仏教を伝える余裕があったかどうか。疑問が残るところです。

また、552年頃というと、百済は高句麗からしきりに侵攻を受けて苦境にありました。そういうときだからこそ、「日本に仏教を伝えて関係を強化したかったのでは……」と考えることもできます。

Q. 長野市の善光寺の本尊は百済から伝わったと聞きましたが……。

A. 善光寺の本尊は一光三尊阿弥陀如来ですが、これは秘仏で誰も見ることができません。「善光寺縁起」によりますと、本尊には次のような由来があります。

「かつて天竺《てんじく》（インド）に評判が悪い金持ちがいたが、娘が伝染病にかかって死にそうになった。金持ちがお釈迦様に『娘を助けてください』とお願いすると、『阿弥陀如来を信じなさい』と言われた。その教えを守ると、娘だけでなく他の病人たちもよくなった。金持ちはその後も阿弥陀三尊像をつくって祈った。その像はやがて百済に伝わり、朝鮮半島の人々を救済したあと、日本に渡ってきた。しかし、国中に悪病がはやったとき、排仏派の物部氏が阿弥陀三尊像を難波の堀江に捨ててしまった。その後、信濃の国の本田（本多とも記す）善光が堀江を通ったとき、阿弥陀三尊像が水中から出てきて、『信州に連れていけ』と言った。善光は故郷に草堂を建て、阿弥陀三尊像を祀《まつ》った」

いかにも寓話のようですが、実際に物部氏が仏像を難波の堀江に投げ込んだという伝承が残っています。また、「善光寺縁起」に出てくる本田善光は百済の王族で阿弥陀像を祀って仏教を広めたという説もあります。いずれにしても、善光寺の本尊「一光三尊阿弥陀如来」が百済から日本に伝えられたのは事実だといわれています。

第4章

英雄たちが壮大な物語をつくってきた！

古代に勇名を轟かせた高句麗の始祖「朱蒙」

朱蒙《チュモン》（紀元前58～紀元前19年）は現在の韓国でも大変な尊敬を集めているが、その人物像は神秘に包まれている。なにしろ、高句麗の建国神話で朱蒙は、柳花《ユファ》という女性が産んだ卵の殻を破って出てきたことになっている。

卵から生まれた、という誕生秘話は、高句麗の後の人間が創作したと考えられる。朝鮮半島では新羅や伽耶でも始祖が卵から生まれたという言い伝えがあり、古代国家で始祖に箔《はく》を付けるためによく用いられた伝説なのだ。

その名前にも、不思議な暗号が込められているようだ。朱蒙が住んでいた古代国家・東扶余《トンプヨ》では、弓に長けた人を「朱蒙」といい、彼も弓が巧みだったのでその名が付いたとされている。

しかし、ここで使われている漢字の「蒙」とは、〝道理を知らない〟〝無知〟という意味で、人を卑下する言葉だ。また、「朱」を〝赤い色〟と考えれば、「朱蒙」とは赤い顔をした無知な人、という意味になってしまう。これは明らかに異民族を称するような言葉ではないだろうか。

そういえば、漢字で異民族を意味する「夷《えびす》」は、弓と人という文字が入っている。名前の漢字を手掛かりに考えれば、朱蒙は遠くからきた異民族だったと推定できる。それでも、たぐいまれな才能の持ち主で、王家の一員になったのではないか。あくまでも想像のうえの話なのだが……。

建国神話によると、朱蒙は東扶余の王の養子になっていたのだが、実子に命をねらわれて出国し、肥沃《ひよく》な卒本《チョルボン》で高句麗を興したことになっている。この点に関しては韓国でもいくつかの説があり、事実として証明できるものはない。ただし、国を追われて新天地をめざした人間が、見知らぬ土地でそう簡単に国を興せるとはどうも考えにくい。

歴史書「三国史記」の「百済本紀第一」には、卒本にやってきた朱蒙が現地の王と親しくなったという話が出てくる。それによると……。

「王に三人の娘がいたが息子はいなかった。王は朱蒙を見て只者ではないことを見抜き、二番目の娘と結婚させた。この婚姻を足掛かりにして、朱蒙は王位を継いだ」

特別な才覚をもつ朱蒙のことだから、王になってから周辺地域を次々に領土に組み入れることは可能だっただろう。それを基盤にして高句麗を建国したということも十分に考えられる。

建国後の活躍ぶりは、「三国史記」にも詳しく出ている。

朱蒙は隣接する沸流国を訪ねて行き、そこを統治する松譲王《ソンヤンワン》に会った。そして、朱蒙は堂々と言った。

「私は天帝の子である。この近くに都を築いた」

すると、松譲王はいかにも不愉快そうに言った。

「私はここの代々の王である。この土地に二人の王はいらない。君は都をつくったばかりだそうだが、むしろ私に従ったらどうか」

この言葉に朱蒙は怒り、「勝負して決めよう」と迫った。二人は弁論と弓の実力を競った。松譲王がかなうわけがなかった。

しばらくすると、松譲王が領土を持って投降してきた。朱蒙はこれを認めて、松譲王を配下にした。

これを手始めに、朱蒙は次々と周辺国を手中におさめ、国を大きくした。そして、紀元前19年に39歳で世を去った。諡《おくりな》は「東明《トンミョン》」。歴史的にも東明聖王という呼び方が一般的になっている。

一方、百済の始祖・温祚王《オンジョワン》の父は朱蒙であったといわれているが、韓国の「新・国史事典」は次のように書いている。

「一般的には、３４０年代に登場した（百済）13代の近肖古王《クンチョゴワン》のときから国家の体制が整った見られており、それ以前の事実は信憑性《しんぴょうせい》が少ない」

果たして、温祚は本当に朱蒙の息子だったのか。高句麗からはるかに南下して新しい国家を築いた、という百済建国秘話にはロマンの香りが大いにするのだが……。

百済を強国に押し上げた名君「近肖古王」

前項でも紹介したように、百済の始祖（温祚）は、高句麗の始祖（朱蒙）の息子ということになっている。これほど近い関係はない。それなのに、百済と高句麗は朝鮮半島中部の土地（主に漢江《ハンガン》流域）をめぐって激しく争っている。

その理由ははっきりしている。高句麗がより暖かい土地を求めて南下にこだわったからだ。それだけに、百済ではどんな時代でも高句麗対策が最も重要だった。

もちろん、三国時代を形成する新羅の動向も気にはなったが、高句麗と比べるとそれほど恐怖心はなかった。やはり、鉄の騎馬軍団を誇る高句麗のほうが、百済にとっては最大の脅威になっていた。

そんな百済が、最も安定した国家を築けたのが、13代王・近肖古王《クンチョゴワン》（?～375年）の治世時代だった。

近肖古王は、まさに戦国の世にふさわしいリーダーだった。風貌《ふうぼう》が勇ましく、体格もりっぱで、識見に優れ決断力があった。彼は徹底した富国強兵政策を取り入れ、軍を組織化して年中厳しい訓練を積ませた。成果はみるみる上がり、百済は建国以来、最大規模の領土を確保するに至った。

それでも高句麗は攻撃の手をゆるめず、百済の領土に頻繁に侵入してきた。近肖古王は新羅と良好な関係を築き、心置きなく高句麗との戦いに臨んだ。

371年、高句麗の攻撃を打ち破った近肖古王は、その勢いに乗じて、敗走する高句麗軍を追った。

百済軍3万人はどんどん北上し、ついには平壌《ピョンヤン》を包囲した。この拠点都市を失えば、高句麗は大変なことになる。必死になって高句麗も防戦した。

このとき、高句麗の内情に詳しい者がこう報告してきた。

「高句麗軍は寄せ集めで、名ばかりの兵が多いのです。注意しなければならないのは赤い旗の部隊だけです。この部隊さえ破れば、残りの兵は恐れをなして退散してしまうでしょう」

そこで、百済軍は赤い旗を掲げた部隊を真っ先に攻めた。矢が降り注ぐような壮絶な戦いになったが、その戦闘の最中に高句麗の故国原王《コググォンワン》が矢を受けて戦死した。当時の戦闘では、あえなく戦死するほど王は最前線に出て兵士を鼓舞していたのである。

王が死んで高句麗軍は総崩れとなった。百済軍の総司令官をまかされていた須《ス》（近肖古王の息子）は、さらに高句麗を深追いしようとした。しかし、思慮深い莫古解《マクコヘ》将軍がそれを止めた。

「古来より『足るを知れば辱められず、やめる時期を知れば危うからず』と申します。すでに得るものがあったのに、なぜもっと多くを求めようとするのですか」

須はもっともだと思い、莫古解将軍の言葉に従った。石を積み上げて戦勝の印を築いてから、百済軍は国に戻って行った。

この出来事を見ても、近肖古王に率いられた百済軍は、一枚岩のように統率されていたことがよくわかる。

これほど優れた軍事指導者であった近肖古王は、経済や文化の面でも能力を発揮した。彼は中国大陸とも交流を深め、先進の文物を積極的に取り入れた。そのおかげで、百済は朝鮮半島でいち早く漢字や仏教の素養を高めた。

その影響はやがて日本にも波及するようになるのだが、それも近肖古王の大きな功績のひとつである。

最強の騎馬国家を築き上げた大英雄「広開土大王」

朝鮮半島から中国東北部にかけて広大な領土をもった大帝国を築き上げたという意味で、広開土大王《クァンゲトデワン》（375～413年）ほど韓国人の自尊心を充足させる英雄は他にいない。

「広開土」というのは諡《おくりな》で、もともとの名は「談徳《タムドク》」という。

子供の頃から志が高かった。次のような逸話が残っている。

あるとき、能力が抜きんでた野生の馬を与えられた。談徳は乗馬が巧みなのだが、この馬だけはどうしても手なずけることができなかった。すると、気をきかした側近が他の扱いやすい馬と代えようとした。

談徳にはこれが気に入らなかった。

「馬一頭に手こずっていて、どうしてわが大軍を率いることができるのか。よけいなことをするな！」

家臣を一喝《いっかつ》して、談徳は野生の馬に立ち向かった。

しかし、相変わらず落馬ばかり。最後には、談徳を振り落とした馬は遠くに逃げ出そうとした。

怒った談徳は、馬に向かって弓を引いた。腹の中は煮えくり返っていた。それでも、彼は弓を放たなかった。自分の未熟さを恥じたのである。

馬に逃げられ、気落ちしながら帰途についた。城門の前に来たとき、後ろから蹄《ひづめ》の音がした。振り返ると、逃げた馬が戻ってくるではないか。

それでも、知らんぷりをして談徳が城の中に入ろうとすると、馬は彼の前でピタリと止まった。

「よし、俺の言うことを聞くんだな」

談徳が馬にまたがると、馬は彼の意のままに動いた。少年時代の談徳にとって、野性の馬を手なずけたという自信は大きかった。

以上が逸話の中身で、大王の片鱗が少年時代からうかがえるが、話ができすぎているので創作の可能性もあるといわざるを得ない。

391年、16歳のときに高句麗の19代王となった。広開土大王は軍事の天才だった。戦術眼に優れ、将としても器が大きかった。彼はまず、百済打倒を誓った。

当時、高句麗と百済は一進一退の攻防を繰り広げていたが、広開土大王にはどうしても百済を攻めなければならない理由があった。

祖父にあたる16代王・故国原王《コググォンワン》は371年に百済との戦闘中に命を落としており、その仇《かたき》を討たなければならなかった。

広開土大王は執拗に百済を攻め、完全に服従させた。

さらに、広開土大王は中国東北部に大軍を送って領土の拡張をはかった。もともとは高句麗の領土であったのだが、異民族の侵入を受けて失った土地も多かった。そういう故地の奪回に広開土大王は執念を燃やした。

王であるにもかかわらず、宮殿で安楽に過ごす暇《いとま》もなく、広開土大王は毎日を馬上で過ごした。

相手の虚を突く戦略性にとても優れ、城を攻め落とす達人だった。ただ、しゃにむに攻めるだけでなく、攻撃相手を孤立させるために周辺国と同盟を結ぶという外交戦術も多用した。

勇敢なだけでなく頭脳も明晰《めいせき》だった。結局、朝鮮半島の歴史上で最大となる広大な領土を確保した。

それでも、無骨な男ではなかった。

「三国史記」には「(広開土大王は393年に)平壌に9つの寺を創建した」と書かれている。

仏教によほど深い理解を示していたのであろう。戦乱の中でも民衆の安寧を願い、仏教を大いに推奨したのだ。

これほどの英雄でも、寿命だけはどうしようもなかった。413年、38歳の若さで生涯を終えた。

息子の20代王・長寿王《チャンスワン》は414年、父の偉業を記録した碑を建てた。それが、今も中国の吉林省に残る「広開土大王陵碑」である。

そこには1800以上の文字が刻まれているが、広開土大王の功績について「国が富強となり、民は安心して暮らし、五穀が豊かに実った」と評されている。最高級の称賛でも語りつくせないほどの大王であった。

歴史的な大勝利をあげた高句麗の名将「乙支文徳」

589年、隋《ずい》は長く続いた南北朝時代を終わらせ、中国は約270年ぶりに再び統一された。周辺国を震え上がらせるほど強大な力をもつ隋は、次に、高句麗を滅ぼすことに執念を燃やした。

612年、隋の煬帝《ようだい》は全軍に高句麗への攻撃を命じた。「三国史記」によると、当初の兵力はおよそ113万3800人だったという。あまりに数が多いので1日ごとに出発したが、それでも最後の軍団がようやく旅立つことができたのは40日後だった。とてつもない大軍勢である。

隋の大将軍は宇文述《うぶんじゅつ》と于仲文《うちゅうぶん》の二人。迎え撃つ高句麗側の将軍が乙支文徳《ウルチムンドク》だった。

この乙支文徳の詳細な経歴は、今ではよくわからない。生年と没年が不明だ。ただ、性格は冷静沈着で、軍人として智略に優れていたと評されている。

隋の大軍は鴨緑江《アムノッカン》に達した。現在の北朝鮮と中国の国境になっている川だ。このときの高句麗の首都は平壌《ピョンヤン》で、隋が鴨緑江を越えてくれば大変な脅威だ。

すかさず、高句麗26代王・嬰陽王《ヨンヤンワン》は乙支文徳を隋の軍営に派遣した。全権をまかされた乙支文徳は、かしこまって降伏を申し出た。しかし、これは偽りだった。隋軍の内情をさぐるための秘策だったのである。

宇文述と于仲文は、出発する前に煬帝から「高句麗王か乙支文徳に会ったなら、かならずつかまえておくように！」と厳命を受けていた。それにしたがって、乙支文徳を監禁しようとしたのだが、「人の道に反する」と諭してくる側近がいて、乙支文徳を解放してしまった。

「やはり乙支文徳を帰すべきではなかった」

すぐに于仲文は後悔し、乙支文徳に戻ってくるように要請した。しかし、乙支文徳は敵の意図がわかっていて、そのまま鴨緑江を渡って行ってしまった。

この内情偵察はとても有効だった。乙支文徳は隋の大軍勢がひどく飢えていることを見抜いた。

兵士の士気も下がっている。兵士の数は恐るべき規模だが、戦略次第で隋軍を撃破できると自信をもった。

いよいよ、隋が鴨緑江を越えて大軍で攻めてきた。

乙支文徳は隋を徹底的に疲れさせる兵法を用い、局地的に戦ったあとにすぐ逃げて、相手をおびきよせることを繰り返した。隋は不慣れな地形で高句麗軍を追撃する度に疲れていった。

それでも、小さな勝利を何度も実感して隋の軍勢は戦勝気分に酔っていた。ついに薩水《サルス》を越えて、平壌の近くまでたどり着いた。ここで乙支文徳は再びとっておきの秘策を用いた。まず、宇文述に次のような詩を送った。

「神策究天文　妙算窮地理　戦勝功既高　知足願云止」

読みくだし文にすれば、次のようになろうか。

「神策は天文を究め、妙算は地理を窮《きわ》む。戦勝して功すでに高く、足るを知れば言うを止めるを願う」

つまり、「すでに大勝しているのですから、ご満足されて戦いをやめましょう」と言っているのである。

さらに、乙支文徳は使者を宇文述のもとに送ってこう言わせた。

「完全に降伏します。もし軍を引いてくだされば、煬帝公のいらっしゃるところまでうかがいます」

この申し出は隋にとっても渡りに舟だった。

宇文述自身も、兵士が疲れ切っていることを認めざるを得なかった。しかも、平壌城が堅固なことは有名なので、攻撃しても自軍に相当な被害が出ることも予想できた。相手が降伏してくれるなら、宇文述はすぐに帰りたかったのだ。

隋は高句麗の降伏に安堵《あんど》し、軍を引き始めた。すでに兵の士気は相当下がっていた。この機会をのがさず、乙支文徳は総攻撃を仕掛けた。退却している最中に四方から攻められて、隋軍は大混乱に陥った。

鴨緑江を渡って高句麗に来た隋軍は30万5千人のはずなのに、敗退して再び鴨緑江を越えられたのは、たった2700人だけだった。

煬帝は激怒し、宇文述は鎖でつながれてしまった。

代償は大きかった。大敗を喫した隋は国力が衰え、618年に滅亡した。今でも世界史を学べば、隋の滅亡は「大運河建設を初めとする無謀な土木工事と高句麗遠征の失敗」が主な理由だと教えられるだろう。

一方、世界の歴史に残る大勝利の立役者となった乙支文徳。敵をよく知ることによって臨機応変の戦略を立てられるところが彼の持ち味だった。

今、ソウルの中心部には乙支路という道路がある。ロッテホテルやロッテ百貨店があり、ソウルを訪れる人がよく通る主要道路であるが、その名は乙支文徳に由来している。高句麗の国難を救った英雄は、現在の韓国の人々からも大きな尊敬を集めている。

新羅で美しく咲いた聡明な花「善徳女王」

「善徳《ソンドク》」は死後に付けられた諡《おくりな》である。善徳女王（?〜647年）の本来の名は徳曼《トンマン》という。

生年は定かでない。新羅26代王の真平王《チンピョンワン》の長女として生まれ、小さいころから聡明だった。

それを物語る逸話がある。

彼女がまだ女王になる前、中国から牡丹《ぼたん》の花の絵と種子が送られてきた。花の絵をずっと見ていた徳曼は、「牡丹は美しく咲くかもしれないけど、香りがしないのでは……」と言った。

父親の真平王が「なぜ香りがないとわかるのかな」と聞くと、徳曼はきっぱりと言い切った。

「牡丹の絵には蝶《ちょう》がいませんよ。香りがあれば、蝶や蜂《はち》が寄ってくるはずです。この花を見るかぎり、蝶や蜂がいませんから、香りがないとわかるのです」

実際に牡丹の種子を蒔《ま》いてみると、花が咲いても香りがなかった。徳曼の指摘の鋭さに、みんなが感心した。

真平王が亡くなり、632年に徳曼は女王として即位した。

彼女が特に力を入れたのが、中国大陸を支配していた唐と良好な関係を結ぶことだった。そのために善徳女王はしきりに使者を唐に派遣した。

当時、新羅は朝鮮半島北部を占める高句麗と西南部を占める百済と激しく領土争いを繰り広げていた。善徳女王としては唐の支援を得ることがとても大事だと考え、あえて身を低くして唐のご機嫌をうかがったのである。

もちろん、戦時体制だったので、敵からの攻撃に備えることも怠らなかった。638年には、高句麗が新羅の北側の領土を攻めてきて、民衆たちが驚いて山のなかに逃げ込むという出来事があった。善徳女王は、民衆に落ちつくように呼びかけ、すぐに大軍を北方に派遣して高句麗の兵と戦い、これに勝利した。

彼女は、人が気づかないことを察する霊

感が強かった。それは、ある年の夏のことだった。王宮の西に玉門池という池があり、そこに大量のヒキガエルが集まっていた。善徳女王はその様子を見てすぐに驚いた。

「ヒキガエルが怒ったような目をしている。きっと、兵士の相を表しているのよ」

ここまで言ったあと、彼女はとっさに気づいた。それは、新羅の領土の西南に玉門谷という谷があることだった。

「ヒキガエルの怒った目でわかったわ。玉門谷にきっと敵がいるはずよ」

善徳女王の命令を受けて兵が駆けつけてみると、なんと百済の兵が谷に潜んでいた。その数は500人。彼らは油断していた。新羅軍は機先を制して百済軍を急襲して全滅させた。善徳女王の恐ろしいほどの霊感が新羅の窮地を救ったのだ。

彼女は善政を行ない、生活が苦しい人々をよく慰問した。税金を1年間免除するという政策を実施したこともあった。民衆から慕われたのも当然だった。

ただし、周辺の国家は女であるという理由だけで善徳女王をあなどった。屈辱を受けたのは643年のことだった。高句麗や百済との戦いが激しくなる中で、善徳女王は使者を唐に派遣して援軍を願った。

しかし、唐の態度は冷たかった。

「新羅は女性が王になっているから隣国から軽んじられているのだ。わが国の王族を送るから新羅の王にしたらどうか。そうすれば援軍も派遣できるのだが……」

いわば、善徳女王に対する退位勧告だった。彼女としては、この勧告を受け入れるわけにはいかなかった。

「他の国に頼るより、自分の国の人材を生かさなければ……」

そう考えた善徳女王は、644年に金庾信《キムユシン》を大将軍に抜擢《ばってき》した。金庾信はその期待によく応え、新羅を強国に導いていった。

善徳女王は647年、自ら予言した日に亡くなった。最後まで彼女の霊感は衰えていなかった。

高句麗の屋台骨を支えた怪物「淵蓋蘇文」

高句麗の末期に活躍した淵蓋蘇文《ヨンゲソムン》（?～666年）は、古代史の中でも異彩を放つ傑物だった。

生年は不明だが、高句麗のエリートの家で育った。父は高句麗の最高級の官職を歴任した。世襲によって淵蓋蘇文もその官職を受け継ごうとしたが、周囲から反対された。性格が粗暴で重職にふさわしくないというのがその理由だった。評判はとても悪かった。

しかし、淵蓋蘇文は土下座して自分の非を詫びた。

「心を入れ替えて、一生懸命に務めます。どうか、父のあとを継がせてください」

あまりに低姿勢だったので、みんなが淵蓋蘇文をかわいそうに思い、彼が後継者になることを認めた。したたかな淵蓋蘇文の作戦勝ちだった。

27代王・栄留王《ヨンニュワン》は、中国大陸の唐が領土拡大の野心が強いことを警戒して、西の国境地帯に防衛のための城郭の建築を始めた。しかし、責任者の怠惰《たいだ》のせいで、工事がいっこうにはかどらなかった。業を煮やした栄留王は、淵蓋蘇文にすべてをまかせた。

現場に出向いた淵蓋蘇文は、陣頭指揮を取って工事を急がせた。その甲斐《かい》があって、城郭は次々と完成していった。しかし、都の平壌《ピョンヤン》を離れて辺境に長く留まっているのは、政府の実力者としてあまりに不利だった。

案の定、都では淵蓋蘇文と対立する一派が栄留王をたぶらかして、政権転覆をはかっていた。

淵蓋蘇文も無策で辺境にいるわけではなかった。彼は情報網を駆使して、都の状況を配下の者に逐次報告させていた。

「都で不穏な動きがある。反対派をみな粛清《しゅくせい》してしまえ!」

淵蓋蘇文は一計を案じ、平壌で閲兵式《えっぺいしき》を行なうと発表した。それは軍隊を招集する口実だった。

642年、計画通り淵蓋蘇文は閲兵式を執り行ない、同時に宴席を用意した。その会場に多くの大臣たちが集まってきたのを確認すると、淵蓋蘇文は一気に軍隊を投入して反対派をねこそぎ粛清した。その数は100人を軽く超えた。

それだけではない。淵蓋蘇文は宮殿に駆けつけて、反対派にかつがれていた栄留王を亡き者にした。その殺し方が残忍だった。王の身体を切り刻み、溝の中に捨てたという。暴虐な性格が本性を現したのだ。

その後は、栄留王の甥《おい》を王位に就けた。それが28代王の宝蔵王《ポジャンワン》だった。しかし、王とは名ばかりだった。淵蓋蘇文は首相として王を上回る最高権力者になった。今や高句麗は彼の鶴の一声でどうにでもなる国になった。

誰が見ても威厳がある存在だった。しかも、過剰に演出して周囲を震え上がらせた。なにしろ、いつも5本の刀剣を身につけていた。あまりに恐ろしいので、彼とあえて視線を合わせる人はいなかった。誰もが、淵蓋蘇文の前ではうつむいた。

その言動は日に日に傲慢になった。馬から乗り降りするときは、彼の前でひれ伏している武将や高官の背中を踏み台にした。道を行くときも、淵蓋蘇文が通行中であることを先頭の者に大声で叫ばせた。それを聞いた人たちは関わりを避けるために、先を争って逃げた。しかし、これほど煙たい存在でも、外国の勢力と対峙《たいじ》するときは頼りになった。

644年から数年間、唐は執拗に高句麗に大軍を送って領土を奪い取ろうとした。しかし、淵蓋蘇文の指導のもと、高句麗軍は瀬戸際で唐の攻撃を防ぎ、大軍を退却させた。そればかりか、高句麗軍は唐の軍勢を追撃して大きな損害を与えている。同時に高句麗は、百済と連携して新羅に対しても優位を保っていた。

高句麗に痛い目にあわされてきた唐と新羅。この両国は連合することで高句麗に対抗しようともくろんだ。

660年、新羅・唐の連合軍は先に百済を滅ぼし、その後に高句麗に対して総攻撃をしかけてきた。淵蓋蘇文はかつてない危機を感じたが、彼は鬼気迫る指揮で全軍を奮い立たせ、連合軍に対抗した。しかし、緊迫した日々の連続でさしもの淵蓋蘇文も心労から命を枯らしてしまった。666年に死去。それが高句麗滅亡の引き金になった。

あろうことか、国難に際して高句麗内部では淵蓋蘇文の後継者をめぐって内紛が勃発。弱体化した政権のもとで兵士の士気も上がらず、戦意を失って逃亡する者もいた。

もはや新羅・唐の連合軍に対抗する力は残っていなかった。668年、宝蔵王が降伏した。淵蓋蘇文の死からわずか2年で、朱蒙や広開土大王など、数々の英雄を輩出した栄光の高句麗はあえなく滅亡した。

滅びゆく百済の最後の砦となった「階伯」

660年、百済は新羅・唐の連合軍に攻められた。相手は圧倒的な兵力を誇っていた。百済の国内は悲愴《ひそう》なほどの危機感に包まれた。都の扶余《プヨ》では、政権の中枢を担う人たちが侃々諤々《かんかんがくがく》の議論を重ねていた。

百済31代王・義慈王《ウィジャワン》は、側近たちに首都防衛の最善策を聞いた。

「唐軍は海を渡ってきていますが、長い船旅で疲れています。上陸早々に総攻撃をかけましょう。新羅軍は唐軍が敗れるのを見たら、早々に退散するでしょう。ですから、まず唐軍から攻めるべきです」

「いや、われわれは新羅に何度も勝ったことがあるから、まず新羅軍を攻めましょう。唐軍の行く手を阻んで彼らを待機させ、その間に新羅軍を撃破するのが得策です」

別々の意見が出て、義慈王は決断できずにいた。もとはといえば、この王が享楽に溺れて国政をないがしろにしたせいで、百済は新羅・唐の連合軍にあなどられてしまったのである。

困り果てた王は、左遷《させん》させられているが兵法に詳しい高官の元に使者を派遣した。戦術を聞かれた高官はこう進言した。

「守りを固めて籠城し、敵が疲れるのを待つべきです。彼らの食糧が尽きたところで攻撃を仕掛ければかならず勝てるでしょう」

意見は分かれる一方だった。こんなことでグズグズしている間に、新羅・唐の連合軍は扶余のそばまで迫ってきていた。窮地に陥った百済は、座して死を待つより果敢に攻めていくしか方法がなくなった。

義慈王は、百済随一の将軍であった階伯《ケベク》（?～660年）を呼んだ。もう哀願するしかなかった。

「かならず都を守ってくれ。頼りはおまえしかいない」

王命を授かった階伯は、すでに自分の運命を悟っていた。彼は勇敢な男だったが、同時に、冷静に戦局を分析できる戦略家だった。

階伯は出陣の前に、どうしても家に一旦戻らなければならないと思った。腹をくって帰宅したあと、家族を集めて悲壮な決意を示した。

「新羅の大軍と決戦に臨むことになった。国の前途は危うい。われわれが負ければ、おまえたちは奴隷にされたり辱めを受けたりすることになってしまう。むしろ、俺の手で死んだほうがましだ」

きっぱりとそう言い切ると、階伯は涙を浮かべながら妻と子供たちの首をはねた。夫として父親として、まさに地獄に落ちる気持ちだった。しかし、彼は「これしかない！」と自分に言い聞かせながら剣を振り抜いた。

もはや階伯に思い残すことはなかった。彼は5千人の兵士を率いて新羅軍の前に立ちはだかった。相手は5万人。数のうえでは最初から相手にならなかった。

しかし、階伯は全軍を鼓舞した。

「その昔、越の王は5千人の兵で呉の70万人の大軍に勝ったのだ。わが軍の数がいかに少ないとはいえ、死ぬ気で戦えば、かならず敵を打ち負かすことができるぞ」

この檄《げき》を聞いた百済軍は士気が上がり、勇猛果敢に新羅軍に挑んでいった。地の利があり、階伯の戦略も巧みだった。局地的な戦いで百済軍は四度も勝利を挙げた。まさに、越が呉に勝った故事を再現するかのような勢いだった。

しかし、長期戦になると10倍の兵力差を逆転するのは無理だった。最後まで国の存続に執念を燃やした階伯だったが、陣頭指揮の最中に戦死した。百済軍は総崩れとなり、都の扶余も陥落した。

扶余は燃やし尽くされて廃墟《はいきょ》となり、義慈王をはじめ1万数千人の百済人が捕虜《ほりょ》として唐に連れていかれた。国が滅ぶとは、そういうことなのだ。

わずかばかりの救いは、歴史が階伯をほめ讃えたことだ。彼のような忠臣がいたことによって、百済にも語り継ぐべき物語ができたのである。

新羅を三国時代の王者にした立役者「金庾信」

新羅の名将といえば、真っ先に名が浮かぶのが金庾信《キムユシン》（595〜673年）だ。「三国統一の英雄」として不滅の名声を得ている。

金庾信は伽耶《カヤ》を建国したと伝えられる金首露《キムスロ》の子孫である。名門の出身で祖父と父は有名な武将だった。金庾信も子供の頃から聡明で、将来を嘱望される逸材だった。

611年、金庾信が16歳のときのことだ。彼は高句麗や百済の軍勢がたびたび新羅の領土に侵攻してくることに怒り、一人で洞窟にこもって願をかけた。

「私にはまだ力がありませんが、戦乱の世を平定したいという志をもっています。どうか、天は私に力を貸してください」

金庾信が祈り続けていると、4日目になって、ボロを着た老人が現れてきて、「この洞窟は毒蛇もいるような危ないところなのに、少年が一人で何をしているのか」と言った。身なりがみすぼらしくても、只者でないことはすぐにわかった。金庾信は膝を折って懇願した。

「ようやく長者に会うことができました。私が願いをかなえるためには、どうしたらよいのでしょうか」

いくら問われても老人は黙っていたが、金庾信が涙を流しながら何度も懇願するので、ようやく重い口を開いた。

「三国を統一しようという志はりっぱだ。特別な秘法を教えよう。誰かにしゃべってはいけないぞ」

こうして金庾信は願いを成就させるための秘法を知った。実際、彼が深い谷に入って、香をたいて、宝剣を空に突きかざして祈祷すると、にわかに空が曇り、一瞬のうちに霊光が宝剣を照らした。

「天が力を貸してくれた。かならず三国を統一してみせる」

金庾信は志を新たにして山を降りた。以後、彼は三国統一の夢を実現させるために、身を削って奮闘努力した。

６４２年、金庾信は47歳になっていた。まだ志はなかばだった。この年、百済に攻められた新羅は、怨みを晴らすために高句麗と同盟を結ぼうと考えた。その使者として選ばれたのが王族の金春秋《キムチュンチュ》だった。

彼は金庾信に向かって言った。

「君とは一心同体だ。今、私が高句麗に行って帰ってこなければ、君はどうする？」

「私がかならず百済と高句麗を滅ぼします。そうしなければ、国の人たちに合わせる顔がありません」

金庾信のこの言葉を聞いて、金春秋は心から感動し、二人はお互いの指をかんで血をすりあった。これが新羅式の誓いの儀式なのであった。

「60日経っても私が帰ってこなかったら、二度と会えないと覚悟しておいてくれ」

金春秋はこう言って旅立ったが、高句麗で監禁されてしまい、60日が過ぎても帰ってこなかった。

金庾信は約束どおり国内で名を馳《は》せる勇士３０００人を招集して、金春秋の救出に出発しようとした。その噂を聞いた高句麗側は争いを避けるために、あわてて金春秋を解放した。それほど金庾信を恐れたのである。

金春秋はようやく金庾信と再会できたが、二人は改めて三国の統一を誓い合った。壮絶な戦いになるのは目に見えていた。そこで、ときの善徳女王は金庾信を大将軍に昇進させた。６４４年のことだ。大将軍といえば総司令官である。三国統一の大事業は、まさに金庾信の双肩にかかっていたのである。

彼にとって幸いだったのは、金春秋が６５４年に即位して29代王の武烈王《ムヨルワン》になったことだ。すでに武烈王は金庾信の妹を妻にしており、金庾信は思う存分に兵を動かすことができた。

新羅は唐と連合して６６０年に百済を滅ぼした。その翌年に武烈王は57歳で世を去ったが、後を託された金庾信は６６８年に高句麗を滅ぼし、ついに大望を実現させた。しかし、連合していた唐が百済や高句麗の旧領地を奪取する動きを見せ、新羅はこの大国と争わなければならなくなった。

それは長い戦いとなった。あるとき、金庾信の息子・元述《ウォンスル》が重要な合戦で敗れて戻ってきた。元述も玉砕するつもりだったが、部下に必死に止められて、捲土《けんど》重来《ちょうらい》を期すことにしたのだ。

しかし、わが子といえども金庾信は許さなかった。ときの30代王・文武王《ムンムワン》（武烈王の息子）に処遇を相談された金庾信はきっぱりと言った。

「王命を汚し家訓にそむいた元述は斬るしかほかにありません」

金庾信としては「泣いて馬謖《ばしょく》を斬る」といった心境だったことだろう。文武王は金庾信の言葉を重く受け止めたが、元述の命を惜しんだ。元述は心から恥じ、山中に隠遁《いんとん》して二度と父に会わなかった。

673年、金庾信は78年の生涯を閉じた。彼の訃報を聞いて文武王は慟哭《どうこく》し、最大級の葬儀を執り行なって碑を立てた。この王が金庾信の妻に語った一言が、金庾信の偉大さを表していた。

「君臣が枕を高くして寝られるのは、すべて金庾信のおかげであった」

まさに、朝鮮半島の統一のために死に物狂いで戦い抜いた一生だった。

高句麗の魂を受け継いだ渤海の始祖「大祚栄」

668年に高句麗が滅んだあと、その領地に住んでいた遺民たちの運命は大きく分かれた。捕虜として唐に連れていかれた人もいれば、難民として新天地をめざした人もいる。その新天地のひとつは日本だった。

ただ、多くの遺民は旧領地に残り、志がある人は唐への抵抗運動を続けた。手を焼いた唐は、高句麗の遺民たちをバラバラに地方へ移住させる政策を強行した。無理やり流浪の民にされたわけだが、遠く東に移住していく人の中に大祚栄《テジョヨン》（?～719年）の姿もあった（彼の姓は「大」だが、今の韓国には数百人規模しかおらず僻姓《へきせい》〔めったにない姓〕に分類されている）。

大祚栄には抜群の指導力があった。同じ境遇の人たちを集めながら徐々に力をつけていき、靺鞨《まっかつ》族の一部勢力とも結託して、敢然と唐に反旗を翻した。

唐は大軍を送ってきたが、大祚栄はこれを撃破すると、東牟山《トンモサン》に城を築いて新しい国を興した。698年、国号を「震《チン》」として大祚栄は高王《コワン》となった。

「高」といえば、高句麗国王の姓である。大祚栄には、震は高句麗の後継国だという強烈な自負があった。彼はことあるごとに配下の者たちをこう鼓舞した。

「われわれは高句麗の子孫だ。高句麗が滅んだあと、どれほどみじめな思いをしてきたことか。しかし、大帝国を復興して、高句麗の魂をこの土地に再び注ぐのだ！」

大祚栄の気構えは凄まじかった。周辺の異民族とも協調しながら領土を沿海州まで広げ、三国を統一した新羅を圧迫するほどの勢いを見せた。

当時の唐は国内の安定を優先させなければならない状況に置かれており、大祚栄と和親を結びたいと考えた。そこで、唐は705年に彼の元に使者を送った。

大祚栄はこの使者を歓待した。唐は高句麗を滅ぼした仇《かたき》ではあったが、向こうから頭を下げてきたことは快感であった。

713年、唐は大祚栄を「渤海郡の王」と認めた。これを機に、大祚栄は国号を「渤《パ》海《レ》」に変えた。

大祚栄は719年に世を去った。

「歴代の王は高句麗の魂を絶対に忘れるな」

この遺言が大祚栄の生き方を端的に表していた。彼は高句麗の民として生き、高句麗の土地を再び取り返したのだ。大祚栄ほど高句麗を愛した人間は他にいなかった。

その彼の息子が2代王の武王《ムワン》となり、交易を盛んにして渤海の領土をさらに広げた。この国は日本とも因縁が深く、渤海は使節を何度も日本に派遣している。新羅を牽制するためにも、日本との交流が有益だったのである。

渤海の最盛期は9世紀だった。新羅よりはるかに大きい領土を誇り、〝海東の盛国〟と呼ばれるほどの繁栄を見せた。

しかし、10世紀に入ると異民族の侵攻を受けて国力が衰え、926年に滅亡した。始祖の大祚栄が「震」を建国してから228年目のことだった。

海上を自在に支配した新羅の貿易王「張保皐」

古代の朝鮮半島で一番の国際人といえば、それはもう張保皐《チャンボゴ》（?～846年）をおいて他にいない。

彼は海を支配して日本や中国と自在に貿易を行ない、国王をしのぐほどの力を手に入れた。そのスケールの大きな活動は、古代史の中でもさん然と輝いている。

生年はよくわかっていない。8世紀末から9世紀初めにかけて新羅で生まれたと推定される。「三国史記」には「出身地と父祖はわからない」と書かれているが、貧しい船頭の息子だったと伝えられている。幼名は「弓福《クンボク》」だった。

新羅にいてもうだつが上がらないと悟っていた張保皐は、大望を抱いて唐に渡った。唐に行く船で雑役をする仕事を見つけたか、貿易船の倉庫にうまく潜んだのか。いずれにしても、人並み以上に才覚があり、自分を生かす道を知っていた。

唐でも死に物狂いで働き、地方で将軍になるまでに出世した。そんな彼は衝撃的な光景を目にした。なんと、新羅から唐に何人もの奴隷が連れてこられたのだ。当時、朝鮮半島の近海には海賊が多く出没していて、彼らは沿岸を襲って人をさらい、唐で人身売買を行なっていた。

「こんなことを許していていいのか。すぐに新羅に帰ろう」

そう決意した張保皐。新羅に戻ると、唐で出世したことを大きな実績にして、王に謁見する名誉を得た。ときの王は新羅42代王の興徳王《フンドクワン》だった。

張保皐は直訴した。

「わが国の人間が奴隷にされています。これを防ぐために、清海鎮《チョンヘ》を設けて、海賊を取り締まらなければなりません」

清海は今の莞島《ワンド》で、当時は新羅と唐を結ぶ海路の要衝《ようしょう》だった。

興徳王は大いに賛成し、張保皐は1万人の兵士を託された。これだけの数の兵士を投入し、新羅も本気で海賊退治に乗り出した。

張保皐は清海鎮を築き、日夜、海上防衛に尽力した。その甲斐があって、新羅の民が奴隷にされることはなくなった。

この功績によって、張保皐は興徳王から厚い信頼を得た。その威光を利用しながら、張保皐は本格的に海上貿易を始めた。清海鎮を拠点にして、日本と唐との貿易量を飛躍的に増やしたのだ。いつしか「海上の王」と呼ばれるほどになった。

836年、興徳王が後継ぎがいないまま亡くなった。宮廷内では、熾烈な跡目争いが始まった。ともに王族の一員であった金均貞《キムギュンジョン》と金悌隆《キムジェリュン》が激しく競った。二人は叔父と甥の関係にあった。結局は金均貞が死んで金悌隆が勝ち、43代王の僖康王《ヒガンワン》となった。

負けた側の金均貞の息子だった金祐徴《キムウジン》は、連座制によって自分にも大罪が及ぶのを避けて都から逃げた。彼が頼ったのは、兵力も財力もある張保皐だった。張保皐は、落ちのびてきた金祐徴を温かく迎えた。

838年、興徳王の甥であった金明《キムミョン》が反乱を起こし、王宮を襲撃した。護衛の者がことごとく命を失い、僖康王は自害せざるを得なかった。代わって金明が即位して44代王の閔哀王《ミンエワン》となった。

この政変に激怒したのが金祐徴だった。彼は張保皐に憤怒をぶつけた。

「金明は王を殺して自ら王になったが、天が許すはずがない。将軍、兵を貸してほしい。金明に天罰を与えなければならない」

張保皐も意気に感じた。

「古人は『義を見てなさざるは勇なきなり』と言いました。私は凡庸《ぼんよう》かもしれませんが、命令とあれば従いましょう」

張保皐は金祐徴の意を受けて挙兵した。勇敢な兵士たちによって構成された張保皐軍は連戦連勝で、閔哀王が送ってきた王朝軍を打ち破った。最後に閔哀王は命が惜しくて逃げたが、張保皐軍によって殺された。

839年、今度は金祐徴が45代王の神武王《シンムワン》になった。立役者の張保皐は感義軍使という高官にのぼりつめた。貧しい家柄の男が、これ以上はないという大出世を果たしたのだ。

しかし、張保皐にはさらなる野望があった。その野望は、神武王が即位後わずか7カ月で急死してから大きくふくらんだ。

あまりにめまぐるしく王が代わった。今度は金祐徴の息子が王位に就いて46代の文聖王《ムンソンワン》になった。張保皐は、自分の娘が文聖王の妻となるように画策した。父の代から張保皐に恩がある文聖王は、その申し出を受け入れた。

しかし、文聖王の側近たちがこぞって大反対した。

「夫婦の道には、おのずから倫理が必要です。国の存亡にかかわることですから、張保皐の娘を王妃に迎えるのはおやめください」

あまりに強硬な反対に、文聖王はあきらめざるを得なかった。このことを恨《うら》んだ張保皐は、王朝に対して反旗を翻そうとした。その動きを察知した文聖王は、恩人といえども討たなければならないと覚悟した。

王朝側では張保皐の暗殺を計画した。光州《クァンジュ》の閻長《ヨムジャン》という者がひそかに選ばれた。

846年、閻長は国に逆らって追われている身だと装って張保皐に近づいた。張保皐は何も疑わず、豪傑の閻長を丁重に遇した。

二人は意気投合し、よく酒を飲んだ。そんな酒席で、閻長は張保皐が酔ったすきに剣を奪い、有無を言わさず張保皐を斬殺した。

油断が命取りになった。王さえしのぐ力をもった勇者なのに、張保皐は人を信じすぎて命を落とした。その瞬間に、彼の野望は見果てぬ夢で終わった。

高麗を典型的な仏教国にした始祖「王建」

朝鮮半島では、ひとつの王朝の初代王のことを特別に「太祖《テジョ》」と呼ぶことがある。諡《おくりな》としてこれほど由緒ある尊称はない。歴史的に有名な太祖といえば二人。高麗《コリョ》王朝を創建した王建《ワンゴン》（877〜943年）と、朝鮮《チョソン》王朝をつくった李成桂《イソンゲ》である。ただ、どちらかというと、王建を真っ先に思い浮かべる人のほうが多いのではないか。彼を主人公にした時代劇のタイトルも「太祖王建」で、ことさら〝太祖〟を強調していた。

王建は、877年に開城《ケソン》（当時は松岳《ソンアク》と呼ばれていた）で生まれた。誕生の1年前、父の王隆《ワンユン》は家を新築中だった。すると、そこを通りかかった有名な僧が王隆に言った。

「もっと大きな家を建てたらどうですか」

「なぜ大きな家を建てる必要が？」

「貧しい人を助けることができるかもしれません。そうすれば、大人物が生まれてきますよ。もし、男の子だったら『建』と名づけるといいでしょう」

誰もが尊敬する高僧にそう言われて、王隆も気が変わった。彼は豪族として財力もあったので、それをつぎこんで大邸宅をつくった。その翌年に男の子が生まれた。王隆は迷わず「建」と名づけた。

王建は、小さい頃から武芸と学問に励み、10歳にならずして鳥を弓で射るほどの名手となった。

成長したあと、王建は弓裔《クンイェ》の部下となった。弓裔は統一新羅時代の末期に後高句麗《フコグリョ》（のちに国名は「摩震《マジン》」、そして「泰封《テボン》」となった）を建国した人物だった。その下で王建は獅子奮迅《ししふんじん》の働きをした。次々と華々しい戦功をあげ、彼は９１３年に弓裔をしのぐほどの実力者になった。

一方の弓裔は、常軌を逸した暴君となり、王妃を殺し、国政を乱した。たまらずに王建は同志と一緒にクーデターを起こし、弓裔を追放した。自業自得というべきか、弓裔は逃亡の末に農夫によって鍬《くわ》や鋤《すき》で惨殺されてしまった。

暴君を倒して新しい政権をつくった王建と同志たち。古今東西の歴史をみれば、クーデターに成功した人たちが欲を出して内紛に明け暮れることがよくあるが、王建の場合はそうならなかった。彼には人徳があり、その才能を周囲の誰もが認めていた。彼は仲間たちに推挙される形で最高権力者にのぼりつめた。

918年、王建は国号を「高麗」と改め、自ら初代王になった。この国名にはかつて最大版図を誇った高句麗を慕う気持ちが込められていた。そして、王建は都を故郷の開城に築いた。

ただ、この時点で朝鮮半島は完全に分裂していた。南東部には勢力が弱まった新羅があり、西南部は百済の後継国を自認していた後百済《フペクチェ》が支配していた。この後三国時代において、高麗は新羅を援護し、後百済の滅亡をねらった。

935年、新羅は自らの王朝の存続をあきらめ、高麗に帰順した。「吸収合併してほしい」というわけだ。王建に異存があろうはずもなかった。その翌年、王建は内紛を起こして混乱していた後百済を滅亡させ、朝鮮半島を統一した。

それより先の926年には渤海が契丹《きったん》によって滅ぼされており、高句麗を父祖とする遺民が流浪していた。こういう人たちも高麗は積極的に受け入れていった。

朝鮮半島の歴史において高麗が評価されるのは、真に民族の統一を実現させたということである。以後、1910年に朝鮮王朝が終わるまで、単一の中央政府が朝鮮半島をずっと統治した。

大事業を成し遂げて王建は943年に66歳で世を去るが、高麗の未来を案じながら重要な遺訓を残した。それが有名な「訓要十条」である。内容は以下のとおりだ。

・仏教を重視すること
・風水地理説を尊重すること
・王位は原則的に嫡男が継承すること
・八関会《はちかんかい》と燃燈会は真心を込めて行なうこと
・平壌《ピョンヤン》を重要地と考えること
・契丹を遠ざけて警戒すること
・王と家臣は民を愛し、正しい政治を行なうこと
・有能な人材を登用すること
・官吏の賞罰は公正に行なうこと
・王と家臣は徳を積むこと

この中で、八関会は土俗神を祀る儀式のことであり、燃燈会は旧暦1月15日に行なう法会（火をともして仏に幸運を祈願する行事）のことだ。また、平壌は高句麗の都があった場所で、それほど王建は高句麗に尊敬の念を抱いていたのである。

また、「訓要十条」で特に大事だったのが仏教の保護。結果的に、高麗は典型的な仏教

国家になった。

強い高麗を築いて外敵から守った女傑「千秋太后」

千秋太后《チョンチュテフ》（964〜1029年）は王建の孫である。彼女が生まれたとき、すでに王建は世を去っていた。しかし、彼の血筋は巨木の根のように時を越えて広がっていた。その証拠は千秋太后の家系だ。彼女は高麗の5代王・景宗《キョンジョン》の妃であると同時に、6代王・成宗《ソンジョン》の妹であり、7代王・穆宗《モクチョン》の母であり、8代王・顕宗《ヒョンジョン》のおばである。歴代の王とはことごとく血がつながっているのだ。

なぜ、こういうことになったのだろうか。

高麗王朝の始祖となった王建（太祖）に29人の夫人がいたからだ。子供の数も30人を超えていた。朝鮮半島の歴史上で、王建ほど重婚に励んだ男はいない。

それほど結婚を繰り返した理由は何か。それは、地方に割拠する豪族たちを懐柔するためだった。

王建は高麗を建国したものの、後三国時代の混乱を収拾するためには地方の豪族を束ねる必要があった。そこで彼は結婚を通して各地の豪族と縁戚関係を結び、それによって自分の勢力を増やしていったのである。

特に、高麗が朝鮮半島を統一するうえで大きく寄与したのが、強大な軍事力をもっていた皇甫《ファンボ》氏であり、この一族との婚姻によって生まれたのが千秋太后だった。彼女は父方と母方の両方から王建の血を受け継いでいた。

儒教社会となった朝鮮王朝以降では考えられないことだが、高麗時代の初期には近親による結婚もよくあることだった。

９４３年に王建が亡くなったあと、高麗王朝では王位継承をめぐる混乱があったが、10世紀の末になると国内が安定を取り戻していた。そして、９９７年に千秋太后の息子が７代王・穆宗として即位した。

穆宗はまだ17歳であり、千秋太后は王の母といっても33歳と若かった。血気盛んな年齢だったこともあり、王の母として背後で影響力を行使することにとどまらず、千秋太后は自ら政権の前に進み出て、強力な指導力を発揮した。ちなみに、千秋太后の姓は皇甫で名は壽《ス》だが、王宮の中で「千秋宮」に住んでいたことからその尊称で呼ばれた。

特に彼女が力を入れたのが北方の防衛だった。当時、契丹が勢力を強めて高麗の領土を奪う動きを見せており、千秋太后は北の国境沿いに多くの城塞《じょうさい》を築いた。この功績は大きく、城塞は契丹の侵入を防ぐ有効な砦《とりで》となった。

その一方で、千秋太后の悪行のひとつとされたのが、穆宗の後継者をめぐる暗躍だった。彼女は自分の愛人だった金致陽《キムチヤン》と一緒に政治を仕切っていたが、わが子の穆宗に息子がいなかったために、いつも後継者問題で頭を痛めていた。ついには、金致陽との間に生まれた息子を次代の王に即位させようと考えた。それを実現させるために、他の有力な後継者候補の命をねらおうとした。そんなたくらみが発覚して、千秋太后に対する不満が宮廷内でも大きくなっていった。

１００９年、穆宗が宮廷内で伝統行事を見学しているとき、油の倉庫から火が起きた。これは単純なボヤではなかった。クーデターが起きたのである。穆宗はすぐに監禁されてしまった。

千秋太后は信頼していた家臣を呼んで反乱軍の鎮圧を命じたが、家臣は寝返り、金致陽と息子を殺害。穆宗と千秋太后は宮廷から追い出された。

さらに、都落ちの途中、反乱軍が追ってきて、穆宗に毒を仰ぐように迫った。穆宗が拒否すると、反乱軍は穆宗を殺害した。しかし、千秋太后には手をかけなかった。彼女の存在が畏れ多く、命を奪うことまでは到底考えられなかったのだ。

しかし、愛する息子を二人まで失った千秋太后。絶大な権力を握っていたからこそ、それを失うときの代償があまりに大きかったのである。

千秋太后は故郷に戻ってさらに20年間生き、1029年に65歳で亡くなった。彼女を追い落とした勢力が記録を綴ったこともあり、千秋太后は権力欲が強い悪女として歴史書に残った。しかし、現在の韓国では「強い高麗を築いて外敵から守った女傑」という評価も受けている。

古代韓国なるほどQ&A（4）

Q．広開土大王は本当に偉大な王だったようですが、彼はなぜあれほど広大な領土を得ることができたのですか。

A．高句麗の第19代王として広開土大王が即位したのは4世紀末ですが、当時の高句麗は四方を強力な敵に囲まれていました。

これでは民衆も安心して暮らせないと悟った広開土大王は、人々の生活を安定させるために領土の拡大に熱心になりました。

その頃、最も勢いがあったのは百済でした。百済がしきりに高句麗の領土を脅かしていましたので、広開土大王はまず百済を攻めました。即位2年目には、百済の城を10も落としています。

以後も立て続けに百済を撃破して、領土の南側を安定させました。

休むまもなく広開土大王は次に、高句麗の西北側の後燕や契丹、東北側の粛慎や東扶余を攻めて、領土を拡大しています。

とはいえ、やみくもに攻撃をしかけるのではなく、広開土大王は自国に有利なように講和を結んだりして巧みな外交戦術も見せました。どの時代でも、指導者の手腕ひとつで結果はガラリと変わるものです。

広開土大王が広大な領土を確保することができたのは、やはり彼がたぐいまれな戦略家だったからでしょう。

Q・高句麗、百済、新羅が三国時代に競ったわけですが、韓国時代劇を見ると、高句麗を舞台にしたドラマが多いように思われます。それはなぜですか。

A・三国時代を描いたドラマを見ると、百済を舞台にしたものが一番少なくなっています。傑出した英雄があまり多くなかったという事情が関係していると思います。

その反対に、高句麗には歴史に残る偉大な英雄が数多く出ています。高句麗は国土が三国時代の中で一番大きかったことや、騎馬軍団のように武力が目立っていたことなどが、英雄がたくさん登場する理由になっているのでしょう。

また、高句麗は中国に何度も激しく攻められていましたが、そういう戦いも題材になりやすかったと思われます。

必然的に、高句麗を描いた時代劇が多くつくられてきました。

やはり、視聴者が喜ぶようなスケールが大きい歴史を描こうとすると、高句麗の壮大な物語がふさわしかったといえるでしょう。

高句麗の重要な王

①東明聖王《トンミョンソンワン》（朱蒙《チュモン》）　前37〜前19
時代劇「朱蒙」の主人公

②瑠璃王《ユリワン》　前19〜後18

③大武神王《テムシンワン》　18〜44

⑯故国原王《コググォンワン》　331〜371
百済との戦いで戦死

⑰小獣林王《ソスリムワン》　371〜384

⑱故国譲王《コグギャンワン》　384〜391

⑲広開土大王《クァンゲトデワン》　391〜413
古代最高の王

⑳長寿王《チャンスワン》　413〜491
在位78年の金字塔

㉕平原王《ピョンウォンワン》　559〜590

㉖嬰陽王《ヨンヤンワン》　590〜618

㉗栄留王《ヨンニュワン》　618〜642
淵蓋蘇文に殺される

（子）

㉘宝蔵王《ボジャンワン》　642〜668

（実線は直系、点線は傍系であることを示す）

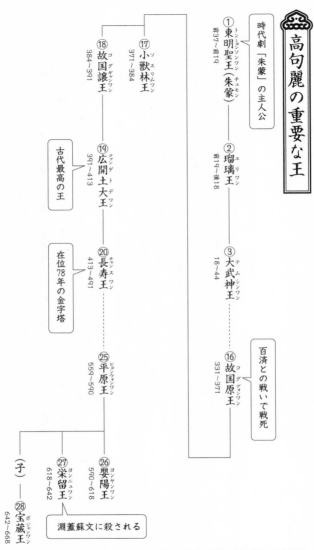

百済の重要な王

①温祚王《オンジョワン》 前18～後28
朱蒙の息子!?

②多婁王《タルワン》 28～77

⑬近肖古王《クンチョゴワン》 346～375
百済最高の戦績をあげた

㉕武寧王《ムリョンワン》 501～523

㉖聖王《ソンワン》 523～554
日本に仏教を伝えた

㉗威徳王《ウィドクワン》 554～598

㉘恵王《ヘワン》 598～599

㉙法王《ポプワン》 599～600

㉚武王《ムワン》 600～641
名高い名君

㉛義慈王《ウィジャワン》 641～660
堕落して国を滅ぼす

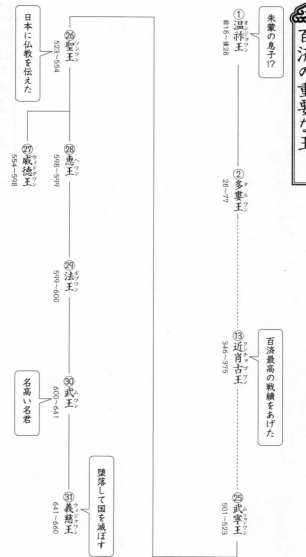

新羅の重要な王

- ① 赫居世《ヒョッコセ》 前57～後4
- ② 南解《ナメ》 4～24
- ㉔ 真興王《チヌンワン》 540～576
- ㉕ 真智王《チンジワン》 576～579
- （子）
- （子）
- ㉖ 真平王《チンピョンワン》 579～632
- ㉗ 善徳女王《ソンドクヨワン》 632～647 新羅で初めての女王
- ㉘ 真徳女王《チンドクヨワン》 647～654
- （子）
- ㉙ 武烈王《ムヨルワン》 654～661 統一の基礎をつくった名君
- ㉚ 文武王《ムンムワン》 661～681 朝鮮半島を統一
- ㉛ 真聖女王《チンソンヨワン》 887～897
- ㊺ 景哀王《キョンエワン》 924～927 後百済に攻められて自害
- ㊻ 敬順王《キョンスンワン》 927～935 新羅最後の王

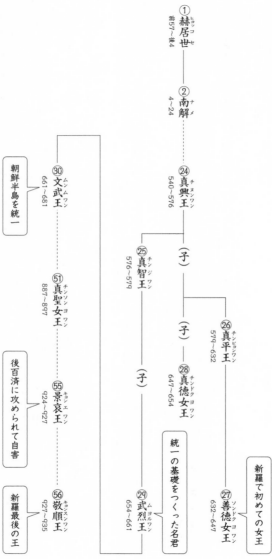

高麗の重要な王

- ①太祖《テジョ》(王建《ワンゴン》) 918~943 ― 妻が29人もいた
  - ②恵宗《ヘジョン》 943~945
  - ③定宗《チョンジョン》 945~949
  - ④光宗《クァンジョン》 949~975
    - ⑤景宗《キョンジョン》 975~981
      - ⑦穆宗《モクチョン》 997~1009 ― 千秋太后の息子
  - (子)
    - ⑥成宗《ソンジョン》 981~997
  - (子)
    - ⑧顕宗《ヒョンジョン》 1009~1031
      - ……⑰仁宗《インジョン》 1122~1146
        - ⑱毅宗《ウィジョン》 1146~1170
        - ⑲明宗《ミョンジョン》 1170~1197 ― 武人政権の傀儡
          - ……㉛恭愍王《コンミンワン》 1351~1374
            - ……㉜禑王《ウワン》 1374~1388 ― 李成桂に追放される
              - ㉝昌王《チャンワン》 1388~1389
                - ……㉞恭譲王《コンヤンワン》 1389~1392 ― 高麗最後の王

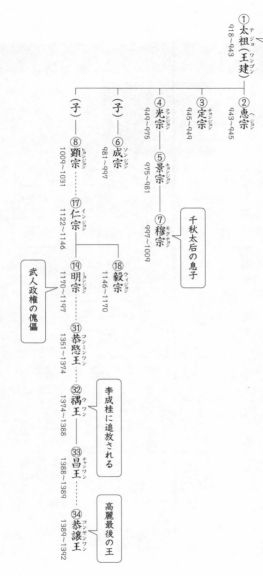

一目でわかる朝鮮半島の変遷

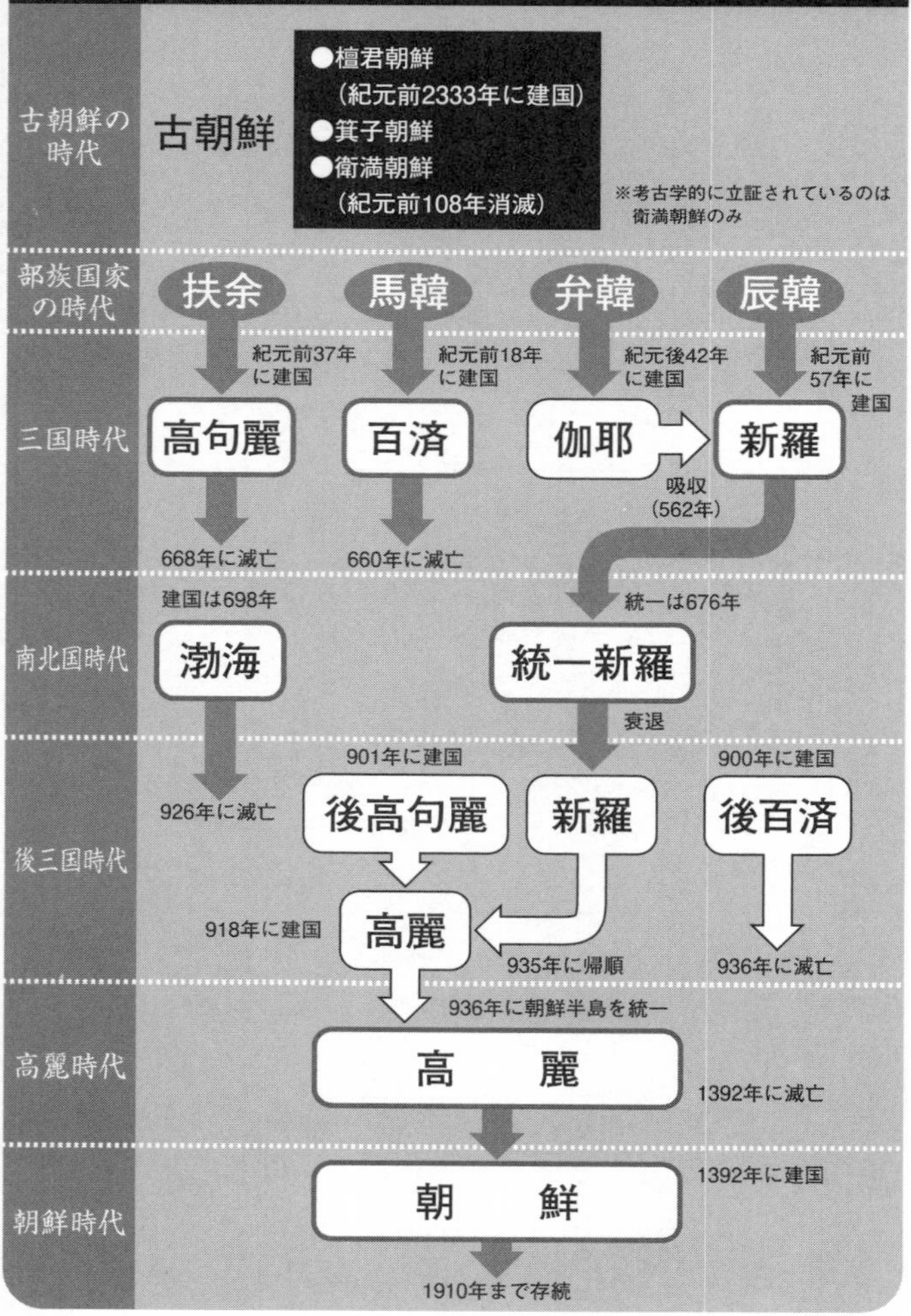

古朝鮮の時代
古朝鮮
●檀君朝鮮
（紀元前2333年に建国）
●箕子朝鮮
●衛満朝鮮
（紀元前108年消滅）
※考古学的に立証されているのは衛満朝鮮のみ
部族国家の時代
扶余
馬韓
弁韓
辰韓
紀元前37年に建国
紀元前18年に建国
紀元後42年に建国
紀元前57年に建国
三国時代
高句麗
百済
伽耶
新羅
吸収（562年）
668年に滅亡
660年に滅亡
南北国時代
建国は698年
渤海
統一は676年
統一新羅
衰退
後三国時代
926年に滅亡
901年に建国
後高句麗
新羅
900年に建国
後百済
918年に建国
高麗
935年に帰順
936年に滅亡
936年に朝鮮半島を統一
高麗時代
高　麗
1392年に滅亡
1392年に建国
朝鮮時代
朝　鮮
1910年まで存続

◆檀君が紀元前2333年に朝鮮半島最初の国家である朝鮮を建国。以後、箕子朝鮮、衛満朝鮮と国家が続いた。この3つを総称して古朝鮮という。ただし、考古学的に立証されているのは衛満朝鮮だけである。

◆紀元前2世紀~1世紀には、朝鮮半島各地に部族国家が誕生している。その中から有力になったのが扶余、馬韓、弁韓、辰韓であり、中央集権的な政治体制を整えて、それぞれ高句麗、百済、伽耶、新羅に発展している。各国は領土争いで熾烈な戦いを繰り返した。

◆伽耶が562年に新羅に吸収され、朝鮮半島は三国鼎立の時代に入った。7世紀に入って覇権争いが激化し、中国の唐と連合した新羅が660年に百済を滅ぼし、668年に高句麗を滅亡させた。

◆唐の勢力を追い出した新羅が676年に朝鮮半島で初めての統一国家を築き黄金時代を謳歌する。一方、高句麗の故地で698年に渤海が誕生。朝鮮半島は南北に分かれた南北国時代を迎えた。

◆新羅が衰退し、朝鮮半島は再び分割統治の時代になった。後高句麗、後百済が勢力を伸ばして新羅に対抗。この中で後高句麗は高麗に取って代わられた。

◆渤海が926年に滅亡。新羅も935年に高麗に帰順し、後百済も936年に滅んだ。こうして高麗が936年に朝鮮半島を統一した。

◆高麗は仏教を国教に定め、独自の文化を発展させた。しかし、契丹や蒙古の侵攻に苦しめられた。その高麗が1392年に滅んで朝鮮王朝の統治が始まり、それが1910年まで続いた。

年表／古代から近代までの朝鮮半島の歴史

前2333年　檀君《タングン》が建国。古朝鮮が始まる（考古学的に立証されていない）。
前194年　衛満《ウィマン》朝鮮が成立。
前108年　衛満朝鮮が崩壊。これによって古朝鮮の時代が終わる。
前57年　新羅《シルラ》が建国（成立当時の出来事は神話的な要素が強い）。
前37年　朱蒙《チュモン》が高句麗《コグリョ》を建国（朱蒙の出自は伝説に彩られている）。
前18年　百済が建国（初代王の温祚王《オンジョワン》は朱蒙の息子といわれるが、確証は得られていない）。
313年　高句麗が楽浪郡を滅ぼす。
346年　百済で13代王の近肖古王《クンチョゴワン》が即位。百済が領土を広げる。
391年　高句麗において19代王の広開土大王《クァンゲトデワン》が即位。強力な騎馬軍団と優れた製鉄技術で広大な領土を築く。
427年　高句麗が平壌《ピョンヤン》に遷都。
540年　新羅を強国に押し上げた立役者、24代王の真興王《チヌンワン》が即位。

601年　7世紀に入って高句麗、百済、新羅の三国による領土争いが激化。

612年　高句麗の名将、乙支文徳《ウルチムンドク》が隋の大軍を撃破し、歴史的な大勝利をあげる。

632年　新羅で27代王の善徳《ソンドク》女王が即位。

660年　新羅・唐の連合軍が百済を攻撃。三国で最初に百済が滅亡。

668年　高句麗で後継者問題から内紛が起き、新羅・唐の連合軍に滅ぼされる。

676年　新羅が唐の勢力を朝鮮半島から追い出し、初の統一国家を築く。

698年　大祚栄《テジョヨン》が渤海《パレ》を建国。

828年　張保皐《チャンボゴ》が、海賊征伐の拠点となる清海鎮《チョンヘジン》を設置。

900年　百済の後継国を自称する後百済《フペクチェ》が建国。

901年　後高句麗《フコグリョ》が建国されて後三国時代となる。

918年　王建《ワンゴン》が高麗《コリョ》を建国する。

926年　渤海が滅亡する。

935年　新羅が高麗に帰順。56代王の敬順王《キョンスンワン》を最後に新羅が消滅。

936年　後百済が滅びて高麗が朝鮮半島を統一。

958年　朝鮮半島で初めて科挙の制度が導入される。

1170年　高麗で武官たちが文官を追い出して武人政権を樹立。

1196年　崔忠献《チェチュンホン》が政権を掌握。
1231年　蒙古の勢力・元が高麗に侵攻。以後、国内が混乱する。
1258年　崔氏一族が支配する政権が終了。
1270年　高麗が蒙古に完全に屈伏。朝鮮半島はしばらく蒙古の支配下に入る。
1274年　元寇が起こる。高麗軍も元の指示で出兵させられる。
1388年　高麗の武将だった李成桂《イソンゲ》が政権を掌握する。
1392年　李成桂は高麗王朝を滅ぼして朝鮮王朝を創設。
1394年　朝鮮王朝が都を漢陽《ハニャン》（現在のソウル）に移す。
1398年　李成桂の息子たちが王位継承権をめぐって骨肉の争いを繰り広げる。最終的に、五男の芳遠《バンウォン》が実権を握る。
1418年　朝鮮王朝最高の名君とされる世宗《セジョン》が即位する。
1443年　民族固有の文字〝ハングル〟が創製され、1446年に公布される。
1455年　6代王の端宗《タンジョン》の叔父が王位を奪取。7代王の世祖《セジョ》となる。
1456年　端宗の王位復権をめざした忠臣たちが処刑される。彼らは「死六臣」と呼ばれ、後にその忠義が称賛される。
1494年　朝鮮王朝最悪の暴君、燕山君《ヨンサングン》が即位。国政が乱れる。

1506年　クーデターによって燕山君が王位を追われる。11代王の中宗《チュンジョン》が即位。
1592年　壬辰倭乱《イムジンウェラン》（日本でいう文禄の役）が起こる。
1598年　豊臣軍が朝鮮半島から撤退し、6年にわたった戦火がやむ。
1637年　中国大陸の清の攻撃を受け、16代王の仁祖《インジョ》は屈辱的な「臣下の礼」をとらされる。
1724年　21代王の英祖《ヨンジョ》が即位。人材を登用して善政を行なうが、世継ぎだった長男を餓死させる不幸な出来事（1762年）が起こる。
1776年　朝鮮王朝後期の名君、正祖《チョンジョ》が即位する。
1800年　正祖が亡くなり、朝鮮半島は混乱の時代を迎える。
1866年　アメリカやフランスなど欧米列強からの外圧が強まる。
1876年　江華条約（日朝修好条規）が結ばれ、鎖国だった朝鮮王朝が開国。
1894年　国内が混乱。東学党の乱（甲午農民戦争）が起こる。
1897年　国号を大韓帝国に改め、国王は皇帝を称するようになった。
1910年　日韓併合により518年続いた朝鮮王朝が終わる。

参考文献
「三国史記」（金富軾著、林英樹訳／三一書房／1975年）
「韓国史のなかの100人」（金素天著、前田真彦訳／明石書店／2002年）

著　者

康　煕奉（カン　ヒボン）

1954年東京生まれ。在日韓国人二世。韓国の歴史・文化や日韓関係を描いた著作が多い。主な著書は、「朝鮮王朝の歴史はなぜこんなに面白いのか」「日本のコリアをゆく」「徳川幕府はなぜ朝鮮王朝と蜜月を築けたのか」「ヒボン式かんたんハングル」「悪女たちの朝鮮王朝」「韓流スターと兵役」「韓国ドラマ&K-POPがもっと楽しくなる！ かんたん韓国語読本」「新版　知れば知るほど面白い　朝鮮王朝の歴史と人物」など。特に、朝鮮王朝のJC新書シリーズはベストセラーとなった。

口絵写真提供：©スポーツコリア/ピッチ、YONHAPNEWS
本文写真撮影：井上孝、康煕奉

※本書は2011年に刊行された「知れば知るほど面白い 古代韓国の歴史と英雄」（実業之日本社刊）を一部改稿し、再刊行したものです。改稿の際に、専門ウェブメディア「韓ドラ時代劇.com」に著者が執筆した原稿も生かされています。

じっぴコンパクト新書　392

JIPPI Compact

新版《しんぱん》 知《し》れば知《し》るほど面白《おもしろ》い
古代《こだい》韓国《かんこく》の歴史《れきし》と英雄《えいゆう》

2021年11月16日　初版第1刷発行

著　者……………**康《カン》　煕奉《ヒボン》**
発行者……………**岩野裕一**
発行所……………**株式会社実業之日本社**
〒107-0062
東京都港区南青山5-4-30
CoSTUME NATIONAL Aoyama Complex 2F
電話03-6809-0495（編集／販売）
https://www.j-n.co.jp/
印刷・製本…………**大日本印刷株式会社**

©Kang Hibong 2021 Printed in Japan
ISBN 978-4-408-42115-5（書籍管理）

本書の一部あるいは全部を無断で複写・複製（コピー、スキャン、デジタル化等）・転載することは、法律で定められた場合を除き、禁じられています。

また、購入者以外の第三者による本書のいかなる電子複製も一切認められておりません。

落丁・乱丁（ページ順序の間違いや抜け落ち）の場合は、ご面倒でも購入された書店名を明記して、小社販売部あてにお送りください。送料小社負担でお取り替えいたします。

ただし、古書店等で購入したものについてはお取り替えできません。

定価はカバーに表示してあります。

小社のプライバシー・ポリシー（個人情報の取り扱い）は上記ホームページをご覧ください。